HISTÓRIA ORAL

José Carlos Sebe B. Meihy
Fabíola Holanda

HISTÓRIA ORAL:
como fazer, como pensar

Copyright © 2007 José Carlos Sebe Bom Meihy

Todos os direitos desta edição reservados à
Editora Contexto (Editora Pinsky Ltda.)

Montagem de capa
Gustavo S. Vilas Boas

Projeto gráfico e diagramação
Gapp Design

Revisão
Cássio Dias Pelin
Ruth Kluska

Dados Internacionais de Catalogação na Publicação (CIP)
(Câmara Brasileira do Livro, SP, Brasil)

Meihy, José Carlos Sebe Bom
História oral : como fazer, como pensar / José Carlos Sebe Bom Meihy, Fabíola Holanda. – 2. ed., 11ª reimpressão. – São Paulo : Contexto, 2023.

Bibliografia.
ISBN 978-85-7244-376-0

1. História oral   I. Holanda, Fabíola.   II. Título.

07-7029   CDD-907.2

Índice para catálogo sistemático:
1. História oral 907.2

2023

Editora Contexto
Diretor editorial: *Jaime Pinsky*

Rua Dr. José Elias, 520 – Alto da Lapa
05083-030 – São Paulo – SP
PABX: (11) 3832 5838
contato@editoracontexto.com.br
www.editoracontexto.com.br

Proibida a reprodução total ou parcial.
Os infratores serão processados na forma da lei.

Para Suzana Lopes Salgado Ribeiro,
por tudo que o Neho quer ser.

SUMÁRIO

Apresentação 9
PARTE I – Como Fazer 11
   UNIDADE I – Pressupostos 13
      1 – Conceitos e definições 13
      2 – História oral, documento e representatividade 24
      3 – Passos do processo de história oral 29
   UNIDADE II – Gêneros em história oral 33
      4 – Tipos de história oral 33
   UNIDADE III – A prática em história oral 43
      5 – Projeto de história oral 43
      6 – Condições para as entrevistas 55
      7 – Personagens e ética em história oral 58
   UNIDADE IV – Estatudo da história oral 63
      8 – Em busca de um lugar 63
   A – Textos para diálogo 81
      a – Outros conceitos e definições 81
      b – Tipos de história oral 85
      c – Balanços e paralelos 86
PARTE II – Como pensar 89
   UNIDADE V – Uma História para a história oral 91
      9 – Trajetórias do oral e do escrito 91
      10 – Entrevistas como ato de fundação da história oral ... 92
      11 – História, escrita, subversão e poder 98

12 – A moderna história oral 101
13 – A gestação da moderna história oral 106
14 – História oral como divisão de saber 107
15 – A história oral no Brasil 109

UNIDADE VI – O empírico e o teórico 117
16 – Faces de uma só moeda 117
17 – Colaboração e cooperação 120
18 – Banco de histórias 126
19 – História oral pura ou híbrida 128
20 – Análise em história oral 130

UNIDADE VII – Do oral para o escrito 133
21 – Transcriação 133

UNIDADE VIII – Documentos e exemplos 139
22 – A prática da trascrição; textualização e transcriação 139
23 – Ficha de acompanhamento e controle do projeto 145
24 – Carta de autorização e uso das entrevistas 148
25 – Caderno de campo 151

B – Textos para diálogos 155
d – Sobre transcriação 155
e – Transcriação em história oral 157
f – Colaboração / mediação 161
g – O caráter público da história oral 163
h – Devolução 163
i – Mediação 165

Palavras finais 167

Bibliografia 169

APRESENTAÇÃO

> "Fiz este livro comigo mesmo,
> com minha vida e com meu coração.
> Ele é fruto de minha experiência".
> Michelet

A história oral no Brasil, bem como em parte do mundo, tem avançado em todos os níveis. Sem dúvidas, as conquistas da eletrônica propõem problemas que exigem adaptação entre os antigos modelos de formulação do saber e as técnicas de produção e análise de textos. Os reflexos dessas mudanças se fazem presentes nas formas de ver e refletir sobre a vida social e os indivíduos no mundo globalizado. Entre outras alternativas, a história oral se apresenta como solução moderna disposta a influir no comportamento da cultura e na compreensão de comportamentos e sensibilidade humana. O fato de ser amplamente aceita pelo público a faz desafiadora do exclusivismo acadêmico, ainda que as disciplinas universitárias também a disputem.

Este livro é uma introdução abrangente e exemplificada, destinado a todos, a fim de facilitar o aprendizado e ampliar os debates sobre como abordar: memória, identidade e comunidade, matérias-primas da história oral. Resultado de anos de pesquisas teóricas e aplicação em diversos temas, temos aqui um roteiro em que a experiência prática se articula às ponderações teóricas de maneira que uma justifica a outra.

Dividido em duas partes, o *como fazer* é um guia atento a responder e mostrar os passos da elaboração de projetos em história oral. O *como pensar* é um roteiro teórico que enlaça tanto a origem, pertinência da transformação do conceito de documento, e o desafio de quem se vale da história oral como oportunidade de aliar avanços da eletrônica com capacidade de ponderar sobre o mundo no tempo presente.

Tomara que a leitura seja útil e que os resultados ajudem a compreender um mundo que caminha entre palavras, discursos, narrativas e esperanças de compreensão.

PARTE I – COMO FAZER

Mas, o que é mesmo história oral?
E documentação oral o que é?
Qual a relação entre história oral e entrevista?
Quais as melhores definições de história oral?
Registro em história oral, como se faz?
Há gêneros diferentes em história oral, quais são?
Vamos fazer um projeto de história oral?

Alguns pressupostos regem a ação de uma história oral que se pretende instruída e capaz de motivar, mais que sua justificação, mudanças nas formas de ver o mundo e nela o papel de seus agentes. Por se considerar moderna e coerente com os avanços do mundo eletrônico e com as linhas da globalização, àqueles que optam pela história oral como algo mais do que simples entrevistas é dado pensar a estruturação de procedimentos capazes de dignificá-la além do possível valor informativo que possa conter. A história oral para deixar de ser recurso complementar implica estabelecimento de linhas de atuação que a extraia da aventura diletante ou de voluntarismos espontâneos.

As operações em história oral exigem reflexões sobre o estabelecimento de textos e de seus usos. Assim parte-se do princípio de que os discursos orais são passíveis de transformação em textos escritos que se tornam testemunhais. A pluralidade desses discursos depende de tipos de captações e, assim, há variações de entrevistas que se organizam em gêneros. Sem a lógica da captação, as entrevistas de história oral se perdem em indefinições. Mais: sem critérios definidores dos gêneros de história oral não é possível definir caminhos de elaboração, guarda/arquivamento, trato de estabelecimento de textos e análises eventuais. Assim, é importante detalhar cada etapa dos procedimentos, em particular os momentos da aquisição das entrevistas e suas possíveis projeções analíticas.

UNIDADE I – PRESSUPOSTOS

1 – Conceitos e definições
    1.1 – Quem é quem em história oral
    1.2 – Eletrônica como condição para a história oral
2 – História oral, documento e representatividade
3 – Passos do processo de história oral

1 – CONCEITOS E DEFINIÇÕES

> "Aprende-se melhor a história oral experimentando-a,
> praticando-a sistemática e criticamente."
> Jorge Eduardo Aceves Lozano

Entre muitas outras questões, os conceitos e as definições são algumas das que povoam a cabeça de quantos se preocupam em entender o papel da história oral como forma de pensar a sociedade contemporânea. Valendo-se de diálogos gravados, as percepções da vida social são registradas de maneira a se constituir em fontes ou documentos que, contudo, devem ser considerados desde sua origem. O ponto de partida das entrevistas em história oral implica aceitar que os procedimentos são feitos no presente, com gravações, e envolvem expressões orais emitidas com

> Fonte oral é mais que **história oral**. Fonte oral é o registro de qualquer recurso que guarda vestígios de manifestações da oralidade humana. Entrevistas esporádicas feitas sem propósito explícito, gravações de músicas, absolutamente tudo que é gravado e preservado se constitui em documento oral. Entrevista, porém, é história oral em sentido estrito.

intenção de articular ideias orientadas a registrar ou explicar aspectos de interesses planejados em projetos.

Entrevista em história oral é a manifestação do que se convencionou chamar de documentação oral, ou seja, suporte material derivado de linguagem verbal expressa para esse fim. A documentação oral quando apreendida por meio de gravações eletrônicas feitas com o propósito de registro torna-se *fonte oral*. A história oral é uma parte do conjunto de fontes orais e sua manifestação mais conhecida é a entrevista.

Como procedimento específico, a entrevista em história oral é uma fórmula programada e responde à existência de projetos que a justificam. Convém lembrar que a palavra dita e gravada não existe como fenômeno ou ação isolada. Muito do que é verbalizado ou integrado à oralidade, como gesto, lágrima, riso, silêncios, pausas, interjeições ou mesmo as expressões faciais – que na maioria das vezes não têm registros verbais garantidos em gravações –, pode integrar os discursos que devem ser trabalhados para dar dimensão física ao que foi expresso em uma entrevista de história oral. A consideração da entrevista além do que é registrado em palavras é um dos desafios da história oral. Garante-se a validade dessa integração definindo-se a palavra gravada em entrevista como um dos elementos componentes de uma sessão.

> Alguns fatores circunstanciam a situação de entrevistas em história oral: **projetos provocados**, feitos no **tempo presente**, com auxílio da **eletrônica**, resultando um **produto** elaborado por **colaboradores vivos**. Essas marcas da moderna história oral diferenciam a entrevista de história oral de outras.

Qualquer resposta ao desafio da história oral obrigatoriamente parte de alguns pontos:

1– É um ato premeditado, realizado segundo a orientação expressa em um projeto;

2– É um procedimento que acontece no *tempo real da apreensão* e que para tanto necessita de *personagens vivos* colocados em situação de diálogo;

3– Ao assumir-se como manifestação contemporânea, a história oral mantém *vínculo inevitável com o imediato* e isso obriga reconhecer o enlace da *memória* com *modos de narrar*;

4– A história oral ao valer-se da memória estabelece vínculos com a *identidade* do grupo entrevistado e assim remete à construção de *comunidades* afins;

5– O espaço e o tempo da história oral, portanto, são o *"aqui"* e o *"agora"*, e o produto é um *documento*;

6– Como manifestação contemporânea, a história oral se vale dos *aparatos da modernidade* para se constituir, então, além de pessoas vivas reunidas para contar algo que lhes é comum, a *eletrônica* se torna meio essencial para sua realização.

Com isso em mente, elege-se uma definição como capaz de sintetizar os elementos que constituem a história oral:

Cabe verificar cada fator dessa definição:

História oral é um conjunto de procedimentos...

Não se trata apenas de um ato ou procedimento único. História oral é a soma articulada, planejada, de algumas atitudes pensadas como um conjunto.

> História oral é um conjunto de procedimentos que se inicia com a elaboração de um projeto e que continua com o estabelecimento de um grupo de pessoas a serem entrevistadas. O projeto prevê: planejamento da condução das gravações com definição de locais, tempo de duração e demais fatores ambientais; transcrição e estabelecimento de textos; conferência do produto escrito; autorização para o uso; arquivamento e, sempre que possível, a publicação dos resultados que devem, em primeiro lugar, voltar ao grupo que gerou as entrevistas.

Não é apenas a entrevista ou outra fonte oral que marca a história oral.

Que se inicia com a elaboração de um projeto

A existência de um projeto é condição essencial para a operação em história oral. Como procedimento planejado, uma proposta previamente armada se torna fundamental para se responder às três situações que orientam a realização da história oral:

a – de quem?

b – como?, e

c – por quê?

O estabelecimento de um grupo de pessoas a serem entrevistadas

A existência de um grupo de pessoas a serem entrevistadas é condição para a realização de uma pesquisa em história oral. O grupo que gera a primeira situação justificadora da história oral – *de quem?* – deve ser explicado em suas razões de escolha.

O projeto prevê: planejamento da condução das gravações

As gravações devem ser planejadas e os papéis – quem entrevista e quem é entrevistado – devem ser acertados previamente, de maneira a evitarem surpresas. A explicação do projeto, do porquê a pessoa é convidada para compor o conjunto de pessoas entrevistadas, bem como os destinos das gravações, precisam ser apresentados antes do começo da operação.

Definição de locais

O local da realização da entrevista deve ser acertado antes, mas a preferência da escolha é sempre prerrogativa do entrevistado. Há projetos em que espaços definidos – estúdios, salas especiais – são indicados e, nessas situações, os acordos mútuos devem ser resolvidos com antecedência.

Tempo de duração

É sempre importante prever o tempo de gravação a ser dedicado aos encontros. Todo projeto deve propor um tempo de duração comum a todos os segmentos entrevistados, ainda que dificilmente isso seja obedecido. A previsão do tempo da entrevista visa tanto à disponibilidade do entrevistado como do entrevistador.

Demais fatores ambientais

Preferencialmente, os locais devem permitir privacidade e boas soluções de gravação.

Transcrição e estabelecimento de textos

O processo de passagem do oral para o escrito é bastante complexo e demanda tempo. É necessário esclarecer que o resultado demorará e que há etapas até chegar a uma solução final.

Conferência do produto escrito

Os cuidados éticos são fundamentais em história oral. Como garantia, é prudente deixar claro que nada será divulgado sem a prévia autorização do entrevistado.

Autorização para o uso

Todo texto autorizado deve ser acompanhado de uma carta de cessão com especificações sobre seu uso pleno ou relativo.

Arquivamento

É bom esclarecer aos entrevistados que as gravações deverão compor um determinado acervo e que seu uso não se esgota no aproveitamento de um projeto.

Sempre que possível, publicar os resultados, que devem, em primeiro lugar, voltar ao grupo que gerou as entrevistas

O compromisso com a "devolução" dos resultados do projeto é condição básica para se justificar um projeto de história oral. A condição "para quem" deve ficar explicada, pois os projetos que se valem de entrevistas cumprem sempre um papel social. Seja para instruir teses, dissertações, compor acervos ou funcionar como alerta temático, os textos estabelecidos, em primeiro lugar, devem ser devolvidos aos protagonistas geradores e, conforme o caso, à comunidade que os provocou.

Outras definições de história oral

Considerando que história oral é um processo em movimento e levando-se em conta a carga polêmica que pesa sobre sua aceitação, é preciso pensar nas fragilidades conceituais de suas características. Isso, contudo, não invalida o esforço de definições. Pelo contrário potencializa as alternativas de pensá-las, pois convida a posicionamentos.

> História oral é um recurso moderno usado para a elaboração de registros, documentos, arquivamento e estudos referentes à experiência social de pessoas e de grupos. Ela é sempre uma história do **tempo presente** e também reconhecida como **história viva**.

A necessidade de ter claros os porquês do uso da história oral, em particular quando se pensa em entrevistas, demanda levar em conta as escolhas que dirigirão os passos que dizem respeito tanto à aquisição das entrevistas, como de seu uso. Para uma escolha minimamente adequada de um conceito é importante levar em consideração alguns fatores que marcam a existência deste recurso, a saber:

1– Necessidade de um projeto que justifique a ação;

2– Vinculação com uma área de estudos ou com propósitos independentes, sempre de interesses sociais;

3– Presença dos meios eletrônicos (gravadoras, filmadoras);

4– Reunião direta/pessoal com pessoas dispostas às entrevistas;

5– Definição sobre o uso e destino (arquivamento) das entrevistas.

Entre outros, os principais conceitos de história oral são os seguintes:

1 – História oral é uma prática de apreensão de narrativas feita através do uso de meios eletrônicos e destinada a: recolher testemunhos, promover análises de processos sociais do presente, e facilitar o conhecimento do meio imediato.

Nesse conceito, o que pesa é a "apreensão de narrativas", o que garante um significado primordial às pessoas que vivem um processo social em curso. A conexão entre o entrevistado e os fatos que acontecem é relevante para justificar o projeto. Os meios eletrônicos são destacados como parte do processo. Valoriza-se também a questão da recolha e da análise como fases independentes para o conhecimento do meio imediato. Note-se que a entrevista é indicada como "facilitadora" do entendimento social.

2 – A formulação de documentos através de registros eletrônicos é um dos objetivos da história oral. Contudo, esses registros podem também ser analisados a fim de favorecer estudos de identidade e memória coletivas.

Essa definição centra força no caráter documental das entrevistas, que estariam atentas a atingir dois planos analíticos fundamentais: os estudos de identidade e memória. Os aparelhos eletrônicos também compõem as condições de realização da história oral. É importante reconhecer que o "coletivo" é essencial para essa definição.

3 – História oral é uma alternativa para estudar a sociedade por meio de uma documentação feita com o uso de entrevistas gravadas em aparelhos eletrônicos e transformadas em textos escritos.

Além de prezar o valor documental do resultado das entrevistas, bem como dos aparelhos eletrônicos, aqui é considerada a passagem do oral para o escrito. Essa alternativa se restringe ao caráter documental das entrevistas. A palavra "estudo" no caso restringe as funções sociais ou públicas da história oral.

4 – História oral é um processo sistêmico de uso de entrevistas gravadas, vertidas do oral para o escrito, com o fim de promover o registro e o uso de entrevistas.

Nesse caso, o que se tem de novo é a definição do uso das entrevistas, o que significa que elas devem responder às indicações dadas no projeto, que, por sua vez, apontam para usos analíticos. A noção de "sistema" marca esta definição, que exigiria uso indutivo.

A entrevista de história oral é sempre um processo dialógico, isto é, que demanda a existência de pelo menos duas pessoas em diálogo, porém não se trata de uma conversa e sim de relação programada, atenta às gravações. Assim, os contatos humanos, premeditados, se colocam como imprescindíveis à elaboração da história oral. Não se produz, contudo, história oral por vias indiretas, como por telefone ou internet, por exemplo. O contato direto, de pessoa a pessoa, interfere de maneira absoluta nas formas de exposição das narrações. Por outro lado, a ausência de interlocução pessoal faz com que sejam menos espontâneas as declarações e, pior do que isso, demandam variações narrativas que seriam diferentes.

> História oral é um processo de aquisição de entrevistas inscritas no "tempo presente" e deve responder a um sentido de utilidade prática, social, e imediata. Isso não quer dizer que ela se esgote no momento de sua apreensão, do estabelecimento de um texto e da eventual análise das entrevistas.

A história oral como prática complexa e que integra diferentes etapas é sempre um sistema articulado onde cada parte ou lance interfere e determina outro. É errado pensar que uma das partes ou manifestação do processo desse conta do que se entende por história oral.

1.1 – QUEM É QUEM EM HISTÓRIA ORAL

> "O autor precisa deixar claro ao leitor qual é o lugar de onde fala, porque seu texto é uma construção baseada nos referenciais sociopolítico-profissionais e empíricos de seus diferentes papéis sociais."
> Alice Beatriz da Silva Gordo Lang e Maria de Lourdes Mônaco Janotti

A história oral se realiza na conjunção de dois elementos que se completam na relação de pesquisa:

1– o entrevistador;

2– o entrevistado.

O entrevistador é quase sempre o diretor do projeto, podendo, porém, delegar essa função quando prevista e previamente determinada no projeto. De toda maneira, as pesquisas de história oral têm que ter no mínimo um "diretor" ou "coordenador".

> É comum existirem projetos de grande alcance e que demandam mais de um entrevistador, além de transcritor, revisor, mas sempre deve ficar definida a responsabilidade de comando da pesquisa. Boa parte dos projetos é feita por uma só pessoa, que assume a responsabilidade de todas as tarefas, isto, contudo, reduz o alcance de projetos que acabam se inscrevendo nos limites da micro-história.

Entrevistada é a pessoa ouvida em gravação. Na medida em que os entrevistados anuem com as gravações, é justo considerá-los, além de apenas "atores sociais", parte do projeto. As escolhas, bem como todos os procedimentos de contato e de condução das entrevistas, devem ser feitas de acordo com preceitos previamente estabelecidos e acertados pelas partes.

O resultado do encontro gravado entre entrevistador e entrevistado é a entrevista. Jamais se deve usar o termo "depoimento", que carrega uma forte conotação "policialesca", jurídica, ou, no caso brasileiro, diretamente ligado aos termos usados durante a ditadura militar para fundamentar os inquéritos. Porque se reafirma o caráter democrático da história oral, não é justo confundir entrevista com depoimento. Da mesma forma que entrevistador não é policial ou investigador, o entrevistado não é depoente ou investigado. O entrevistador e o entrevistado, na situação de entrevista, devem se reconhecer como *colaboradores*. Porque a participação é espontânea, as duas partes devem manter uma possibilidade confortável para o estabelecimento da entrevista.

As entrevistas produzem sempre pelo menos um documento material: a gravação. Grande parte dos projetos, contudo, implica o estabelecimento de um texto escrito e aprovado, matéria derivada da entrevista gravada. Isso gera um problema de consequências importantes para a consideração objetiva sobre qual é o documento em história oral. Afinal, o que seria o documento: a fita gravada, o texto com a transcrição "fiel" ou ainda o texto aprovado depois de revisado com as modificações pertinentes?

> É primordial que se pense no destino das gravações, que devem ser mantidas e disponibilizadas ao consumo social.

Essa discussão bastante fermentada tem diferentes defensores. Muitos acham que o documento em história oral é a fita gravada. A maioria, porém, discorda e supõe as transcrições em diferentes fases, o legítimo texto documental. Mais importante do que definir uma ou outra posição cabe ver os argumentos.

1.2 – ELETRÔNICA COMO CONDIÇÃO PARA A HISTÓRIA ORAL

> "A possibilidade de organização de arquivos com os depoimentos concretizou-se a partir de uma combinação dos avanços tecnológicos com a necessidade de se propor formas de captação de experiências importantes[...]."
> Fernando Silveira e Cristofer de Mattos

A moderna história oral depende de recursos eletrônicos na medida em que estes se colocam como meios mecânicos para auxiliar não apenas a gravação em seu momento de realização, mas, sobretudo depois, quando se presta à fase de transposição do oral para o escrito. Uma das características mais evidentes da história oral remete à constante atualização dos meios eletrônicos usados. Aliás, sem os recursos da aparelhagem eletrônica e mecânica de nossos dias, as entrevistas dificilmente teriam alcance em projetos da moderna história oral que, por sua vez, são pensados com a presença obrigatória desses artifícios. Vinculada ao uso dos meios eletrônicos, a junção de entrevistadores e entrevistados dimensiona nova forma de se produzir textos resultantes de pesquisas realizadas no tempo real da apreensão. Isso também joga luzes nos processos de preservação, arquivamento e uso de documentos dispostos às análises do social.

Talvez, em termos de produção de material documental, uma das virtudes da história oral seja colocar em prática a possibilidade de aproveitamento de aparelhos que, comumente, são usados para entretenimento, informação de notícias, registros ou reprodução mecanográfica.

É inegável também a potencialidade dos aparelhos tecnológicos dispostos à facilitação das condições gerais dos processos de aprendizagem. Se isso é uma verdade para qualquer área do conhecimento, para a história oral passa a ser definitiva, pois seu uso força a quem trabalha com esse recurso a se inserir no espaço experimental de seu tempo, valendo-se também dos meios mecânicos para a melhoria das pesquisas. A obrigatoriedade da participação da eletrônica na história oral determina uma alteração nos antigos procedimentos de captação de entrevistas, antes feitos na base de anotações ou da memorização. A mediação da eletrônica é, aliás, uma das marcas da história oral como um procedimento novo e renovável. O que deve ficar firmado, porém, é que a história oral não se faz sem a participação humana direta, sem o contato pessoal.

Mesmo não sendo possível dissociar a eletrônica dos contatos diretos para a produção da história oral, sabe-se que nada substitui a percepção do entrevistado no ambiente da gravação. Portanto,

É fundamental garantir a atualização dos dispositivos eletrônicos, que estão cada vez menores, mais imperceptíveis, porém, que fique garantido que não se deve fazer entrevista sem absoluta anuência do colaborador. Por mais importante que seja o caso, não é aceitável fazer entrevista sem prévia autorização.

uma entrevista não é apenas uma coleção de frases reunidas em uma sessão dialógica. A *performance*, ou seja, o desempenho é essencial para se entender o sentido do encontro gravado. Olhar nos olhos, perceber as vacilações ou o teor emotivo das palavras, notar o conjunto de fatores reunidos na situação da entrevista é algo mais do que a capacidade de registro pelas máquinas, que se limitam a guardar vozes, sons gerais, e imagens. A percepção das emoções é bem mais complexa do que aparenta, e sua captação se dá apenas pela presença física de pessoas. A mediação das máquinas ajuda muito, principalmente depois.

Os avanços da eletrônica são constantes e acelerados. A transformação dos gravadores chega a ser assustadora e demanda atualizações frequentes. As "velhas máquinas", grandes, pesadas, ostensivas, deram lugar a pequenos aparelhos, leves, discretos, portáteis. O mesmo acontece com os produtos materiais resultantes: antes as fitas, depois os CDs. Em termos de vantagens, deve-se reconhecer que quanto menor for o aparelho, melhor será a ambientação dos encontros. O mesmo se diz de aparelhos complementares como *spots* de luz ou sintetizadores. Cuidados devem ser tomados antes das gravações:

1 – os aparelhos devem ser testados antes;
2 – a gravação da matrícula da entrevista deve ser feita no começo do encontro, definindo:
   a – local e data;
   b – nome do projeto;
   c – nome do colaborador entrevistado;
   d – presença eventual de outras pessoas com seus nomes.

Pessoas mais prudentes cuidam de finalizar as entrevistas com os mesmos procedimentos, isto é, repetindo a matrícula do projeto.

Há divergências sobre vantagens e desvantagens no sistema de uso dos gravadores. Até pouco tempo resistia-se às mudanças do sistema analógico para o digital. A conquista de mercado digital, porém, se impôs de maneira definitiva. A reprodutibilidade técnica e a facilidade de armazenamento e transporte fazem com que atualmente não haja dúvida da validade do uso de recursos digitais. Ademais, os expedientes digitais facilitam o arquivamento das entrevistas e seus manejos em programas de computadores.

2 – HISTÓRIA ORAL, DOCUMENTO E REPRESENTATIVIDADE

> "Nos dias de hoje, parece haver ampla concordância de que vivemos num mundo em que, contraditoriamente, se encoraja a amnésia e, ao mesmo tempo, se oferece à nossa fruição uma ilimitada gama de informações."
> José Walter Nunes e Nancy Alessio Magalhães

Não resta dúvida: os produtos de entrevistas em história oral devem sempre resultar em documentos de base material escrita, ainda que, em tantos casos, derivados de diálogos verbais. Mas isso não os iguala aos demais, pois a existência de "documento" não resolve tudo. Se há dúvida de qual é o documento em história oral – se a gravação ou o produto final, se o objeto da gravação ou o texto escrito e aprovado pelo colaborador –, não cabe desconfiança de que de um ou outro modo sempre, de um encontro gravado, se pode sair com pelo menos um suporte documental vertido do oral para o escrito. Independentemente da existência de documentos, para a história oral justifica-se a captação de entrevistas em três situaçõesespontuais, quando:

1– existem versões diferentes da história oficializada;

2– se elabora uma "outra história" com base em documentos efetuados para circunstâncias em que a interdição não permitiu registros ou apenas gerou um tipo de registro;

3– estudos de memória, construção de identidade e formulação de consciência comunitária.

Ainda que muitas vezes a produção de entrevistas seja usada como alternativa para preencher vazios de documentos convencionais ou de lacunas de informações e até para complementar outros documentos, é importante ressaltar que se pode, de maneira positiva, assumi-la isoladamente e propor análises das narrativas para a verificação de aspectos não revelados, subjetivos, alternativos aos documentos escritos. Para uns é possível usar entrevistas quando não existem documentos – ainda que esse não seja o procedimento mais aceito. É sempre bom lembrar que muitos oralistas não acatam o fato de se fazer entrevistas quando podem achar as informações buscadas em outras fontes já existentes. É válido também – e grande parte dos usuários de história oral assume essa postura – considerar as entrevistas como discurso independente, com significado em si, sustentado por uma série de gravações que nunca se repetem. De modo geral é recomendável não pensar que a história oral serve exclusivamente para "tapar buracos documentais". Pelo contrário, relevar o valor das narrações como forma de vê-las "em si" é modo saudável de considerar a história oral.

Deve ficar claro que quando se vale da entrevista para obter informação objetiva ou dados exatos, não se pratica história oral e sim se faz uso convencional de entrevistas. É equívoco supor que o mero ato de entrevistar equivale a fazer história oral.

Há, contudo, casos especiais onde a produção de documentos baseados em testemunho se justifica, mas mesmo assim, há de se esclarecer que não se trata de regra e sim de exceção e, como tal, o resultado merece considerações específicas. Muitos creditam à história oral o papel de produtora de documentos em episódios em que a censura e as políticas governamentais não promoveram "outros" registros. Justifica-se, sem dúvida, o uso de entrevistas quando se busca superar informações sobre: torturas, perseguições, interdições. De modo geral, vale-se desse artifício quando se destroem notas de alguns processos históricos – como a queima de documentos sobre a "subversão" promovida por autoridades instituídas no poder com o intuito de "apagar" a presença da oposição. O mesmo se diz de situações em que a repressão, quando superada, tenta negar seu papel tirânico. Nesses casos é importante a promoção de documentos. Os projetos devem prever essa forma de estabelecimento de textos documentais e revelar a circunstância de sua produção e uso.

A necessidade de se ativar ou materializar o que existe em estado oral retido na memória, ou mesmo o que foi abafado por processos de cerceamento, quase sempre acontece por desafios da própria comunidade, que não quer deixar morrer determinadas experiências e que, para isso, produz situações nas quais, no tempo presente, reinventam o passado não resolvido. Nesse sentido, a história oral se mostra fator significativo, meio de manter a experiência passada em estado de "presentificação". Mas deve-se lembrar sempre que não é apenas quando não existem documentos necessários que a história oral acontece. Ela é vital também para produzir outras versões promovidas à luz de documentos cartoriais consagrados e oficiais.

Há situações também em que, independentemente do aspecto questionador que se estabelece entre a história feita por historiadores e demais cientistas sociais profissionais e a tradição sobre os fatos,

> Lembrando que os documentos compulsados rotineiramente também produzem memória, torna-se importante, sempre, manter acessa a curiosidade paralela que mantém dúvidas sobre certeza das conclusões feitas em cima de documentos escritos.

busca-se fazer uma "outra história", versão que tenha sua gênese diferenciada do conjunto estabelecido oficialmente. Ao se materializar em documento escrito, porém, a história oral ganha objetividade de qualquer outro documento grafado ou de análise historiográfica, porém deve ser interpretada sob o crivo da subjetividade que a produziu.

A oralidade quando vertida para o escrito congela a realidade narrada mudando a dinâmica original. O estado especial, fluido, da oralidade se estratifica, fazendo o momento da apreensão se tornar prisioneiro das letras escritas. As análises sobre esse tipo de documentação devem, pois, levar em conta a especificidade do suporte criado e seus resultados. Assim não se acredita em qualquer projeto de história oral que não registre a condição da gravação bem como os métodos usados para a transposição do oral para o escrito. Valendo menos pelas informações e mais pelo jeito de constituição dos documentos, o que se revela é a importância da construção dos fatos.

> É matéria essencial da história oral a humanização das percepções que até então têm sido, geralmente, vistas como expressões institucionais, de macroestruturas, partidos políticos e processos como a industrialização, o comportamento da relação campo–cidade.

Por meio da história oral, por exemplo, movimentos de minorias culturais e discriminadas – principalmente de mulheres, índios, homossexuais, negros, desempregados, pessoas com necessidades especiais, além de migrantes, imigrantes e exilados – têm encontrado espaço para validar suas experiências, dando sentido social aos lances vividos sob diferentes circunstâncias. Uma questão bastante relevante para quem se propõe a entender o papel da história oral diz respeito ao seu impacto nos narradores e em suas comunidades imediatas. Isso recobra significado quando se leva em conta que no mundo globalizado a fragmentação da individualidade é um fenômeno coerente com a incapacidade rotineira de "se narrar". Há duas correntes que se manifestam diretamente sobre o alcance da história oral:

1 – aqueles que advogam uma "história miúda", que poderia ser enquadrada no conceito de "micro-história", e

2 – os que apenas a reconhecem no circuito da "grande história", e nesse sentido apenas adotam a história oral como "estudo de caso" ou exemplo.

Dadas as dificuldades de trabalho com números muito grandes de entrevistas, a história oral, comumente, tem sido explorada em seu aspecto mais diminuto. O resultado conjunto disso ao longo dos últimos anos, contudo, tem proposto uma visão diferenciada da grande História, na medida em que sugere uma intimidade capaz de tornar relativa a generalização.

Ainda que existam pessoas que pratiquem história oral como estudo de casos, considera-se isso uma apertada moldura para possibilidades mais amplas. Por se tratar de situações de vínculos com múltiplos aspectos da vivência coletiva, as versões contempladas e os temas avaliados não podem ser reduzidos a exemplos de situações específicas e que se explicam em relações internas.

> Sem dúvida, a história oral compromete as reflexões que se atêm de maneira determinista aos aspectos quantitativos. Porque é essencialmente qualitativa, a história oral apenas se vale da quantificação quando esta se submete àquela. Garante-se, contudo, o possível convívio das partes.

O que se chama de "grupal", "cultural", "social" ou "coletivo" em história oral é o resultado de experiências que vinculam umas pessoas às outras, segundo pressupostos articuladores de construção de identidades decorrentes de suas memórias expressadas em termos comunitários. Os indivíduos, nesse contexto, têm autonomia de procedimento na medida em que suas vontades dimensionam de maneira original a combinação de fatores pessoais, biológicos e as influências do meio em que vivem. Assim, as experiências de cada um são autênticas e se relacionam às demais por meio da construção de uma identidade comum. Em história oral, o "grupal", "social" ou "coletivo" não corresponde à soma dos particulares. O que garante unidade e coerência às entrevistas enfeixadas em um mesmo conjunto é a repetição de certos fatores que, por fim, caracteriza a memória coletiva. A observância em relação à pessoa em sua unidade, contudo, é condição básica para se formular o respeito à experiência individual que justifica o trabalho com entrevista, mas ela vale no conjunto. Nesse sentido, a história oral é sempre social. Social, sobretudo porque o indivíduo só se explica na vida comunitária. Daí a necessidade de definição dos ajustes identitários culturais.

Dúvidas comuns como a "representatividade" dos testemunhos, o "alcance histórico" das impressões e a "relatividade" dos casos narrados têm perdido a força na medida em que as virtudes e a popularidade da história oral passam a integrar preferências indiscutíveis e ganhar adeptos, devido à penetração em territórios pouco viáveis pelas disciplinas em geral. Por, também, dar voz a setores desprezados por outros documentos, a história oral ganha significado ao filtrar as experiências do passado através da existência de narradores no presente. Isso, além de propor alternativas de diálogos com outras versões historiográficas e documentais.

Reunido, o conjunto das histórias colhidas, além de propor discussão sobre as motivações individuais e coletivas que levaram ao projeto, serve para que, se equiparadas, forneçam elementos capazes de iluminar o conjunto das individualidades que apenas se sustentam sob alguns traços comuns. Suponhamos o exemplo de um projeto preocupado com os nordestinos que foram para a cidade de São Paulo durante a seca de 1958. Nessa situação, há um conjunto de motivos concretos que teriam atuado como impulsionadores das migrações; porém, cada indivíduo sentiu ou percebeu as mudanças, formulou a revisão de seus valores, procedeu a uma síntese das coisas segundo seus próprios critérios. A resposta conjunta é o que interessa, sem, contudo, deixar de valorizar o que há de singular. O fato de muitos repetirem que a volta é um objetivo materializa a vontade coletiva, ainda que isso nem sempre se realize. O mito do lugar ideal, do "paraíso" deixado, é marca singular do que caracteriza a memória coletiva.

Logicamente, as entrevistas são relevantes, mas, mais do que elas individualmente, as comunicações com o geral, com o amplo e coletivo são essenciais. É exatamente por se equiparar histórias que tenham pontos comuns que se vale positivamente do recurso da história oral como forma de reorganizar os espaços políticos dos grupos que, sob nova interpretação, teriam força social. A não existência de representatividade individualizada em história oral, no entanto, acarreta responsabilidades:

> Garante-se, portanto, que uma das atenções fundamentais da história oral é mostrar o grau de cuidado com o específico explicado no coletivo.

1 – o criterioso processo de seleção dos entrevistados, e

2 – o número das entrevistas que devem instruir o projeto.

Calibrar o número de entrevistados com o alcance do projeto é quase uma arte. Outra questão saliente para o entendimento da história oral é o treino para a eventual análise conjunta das entrevistas. Porque não se credita exclusividade às entrevistas isoladas, elas apenas ganham sentido no âmbito da proposta.

3 – PASSOS DO PROCESSO DE HISTÓRIA ORAL

> "É preciso atingir a vontade de querer retrospectivamente tudo o que aconteceu."
> Nietzsche

Projeto é sempre uma iniciativa planejada para uma situação de pesquisa específica. Como empreendimento de trabalho, que implica busca, o projeto é provisório. Para uma boa realização de projeto, fazem-se necessárias algumas combinações de conhecimento, habilidades, meios e pertinência da pesquisa. Um bom roteiro é essencial para se pensar no desdobramento do trabalho. Definir os passos da história oral implica estabelecer os cinco momentos principais de sua realização:

1 – elaboração do projeto;

2 – gravação;

3 – estabelecimento do documento escrito e sua seriação;

4 – sua eventual análise;

5 – arquivamento; e

6 – devolução social.

O primeiro – o momento da elaboração do projeto – é importante por definir critérios de procedimento, inclusive se a proposta for de constituição de um banco de dados. Nesse caso, se se tratar apenas de uma recolha programada, deve-se definir se haverá desdobramentos como transcrições e, nessa eventualidade, de que tipo seria: *literais* ou *transcriações*. Caso se trate, apenas, de coletar entrevistas, logicamente o documento será a gravação. Caso haja transcrição, seja qual for o tipo, o documento pode ser considerado o texto escrito principalmente valorizado se for autorizado pelo colaborador.

O segundo – o instante da gravação – é fundamental por ser o tempo da primeira atitude de materialização do processo inicial do projeto. Os defensores da fita gravada como documento devem precisar na proposta de sua intenção e, em decorrência disso, precisam estabelecer as futuras formas de arquivamento e acesso público para tanto. As gravações devem ser previstas em detalhes de lócus e participações: onde e quem participa das sessões é fundamental.

> É relevante lembrar que só faz sentido discutir o documento em história oral se for considerada a sua disponibilidade pública.

De igual monta, os demais elementos que vão desde o tipo de gravação até seu arquivamento. A inscrição das entrevistas no projeto é a razão de ser delas.

O terceiro momento – da confecção do documento escrito – deve precisar o tipo de transcrição e seus usos. Dependendo do projeto, tanto pode ser a transcrição literal como a transcriação documental.

Os cuidados da transposição de um estado da palavra – oral – para outro – escrito – são necessários.

Sobre a quarta etapa – da análise propriamente dita –, é importante lembrar que pode ou não existir em relação ao primeiro momento. Tudo depende do objetivo do projeto. Há grupos que só aceitam a história oral quando esta se mostra, depois de escrita, analisada. Esse posicionamento, contudo exige a realização das etapas anteriores e recomenda-se que, quando parte do projeto, não seja feita a análise sem proceder todo processo de transcrição ou estabelecimento final do texto. Outros, contrariamente, entendem que a produção do texto escrito e o exame da entrevista podem ou não ocorrer, não sendo raros os que consideram que só a confecção do documento é tarefa suficiente para cumprir os ideais da história oral. Arquivistas, por exemplo, valorizam a elaboração documental para uso posterior e muitos deles esgotam nisso a função da história oral. Há aqueles que acham que a elaboração do documento, dadas as passagens do código oral para o escrito, implica análises em virtude dos trabalhos que se faz na "edição" do texto. Além disso, é bom lembrar que existe uma linha de pessoas que trabalha com história oral e que considera o leitor como um agente ativo, que, ao ler uma entrevista, não precisa ser conduzido a conclusões que ele saberá elaborar.

A quinta etapa – de arquivamento – remete aos cuidados e responsabilidade na manutenção do material conseguido. Porque se condena a descartabilidade das gravações, cabe aos diretores dos projetos a guarda ou destino dos produtos.

A sexta etapa – de devolução social – diz respeito aos compromissos comunitários requeridos pela história oral que, sempre, deve prever o retorno ao grupo que a fez gerar. Seja em forma de livro, exposição ou mesmo de doação dos documentos confeccionados, a devolução é capital.

UNIDADE II – GÊNEROS EM HISTÓRIA ORAL

4 – Tipos de história oral
   4.1 – História oral de vida
   4.2 – História oral temática
   4.3 – Tradição oral

4 – TIPOS DE HISTÓRIA ORAL

> "Sua afirmação não está ligada
> à iniciativa de descrever a realidade."
> Harry G. Frankfurt

Se considerada como espécie, as entrevistas em história oral sugerem gêneros que se distinguem fundamentalmente. Sem a consideração especificada do modo de condução das entrevistas, qualquer projeto de história oral fica comprometido.

> Um dos pontos basilares da distinção entre história oral e entrevistas convencionais reside exatamente na especificação dos critérios de captação das narrativas segundo os termos estabelecidos nos projetos. É aí que entra a primeira variação entre entrevistas convencionais e de história oral.

Basicamente, há três gêneros distintos em história oral:

1– história oral de vida;

2– história oral temática; e

3– tradição oral.

As duas primeiras podem servir a projetos de bancos de história ou implicar análises que superem o sentido da recolha, mas a tradição oral alude exames longos e complexos, incapazes de síntese. Nesse caso, aliás, a observação deve ser constante, continuada, impessoal e sobre o coletivo.

A questão da objetividade – ou subjetividade – é a maior marca distintiva entre a disciplina História e a prática da história oral. Mesmo no universo da história oral, é importante observar variações de gêneros e, em particular, entre história oral de vida e história oral temática. Em termos de história oral de vida, a questão subjetiva se mostra essencial. Frank Kermode é claro ao afirmar que é inviável às narrações de histórias de vida o conceito de "*verdade honesta*". Contundente ao limite, William Labov determina as narrativas orais como "*nada mais do que uma grande mentira*". A responsabilidade por esses pressupostos de falsidade equivale à negação "científica" da história oral, em sentido amplo, e, em *stricto sensu*, à História ou a qualquer matéria que se classifique nos rigores dos métodos probatórios absolutos. Exatamente porque o que mais vale em história oral de vida são as versões individuais dos fatos da vida, entende-se o peso subjetivo que François Etienne coloca no estatuto "*meramente subjetivo*" da história oral. Assim, repartindo o campo das evidências prováveis ou atestadas por documentos de outro que lhe opõe o das pressuposições falíveis da memória, situam-se as disputas entre a História e a história oral.

No caso da história oral de vida, o que a distingue é exatamente a independência dos suportes probatórios. As incertezas, descartabilidade da referenciação exata, garantem às narrativas decorrentes da memória um corpo original e diverso dos documentos convencionais úteis à História. Em particular, a história oral de vida se espraia nas construções narrativas que apenas se inspiram em fatos, mas vão além, admitindo fantasias, delírios, silêncios, omissões e distorções.

> Onde a História vê fragilidade a história oral encontra seu sentido maior e o lugar a ser ocupado como área diferente e possibilidade original.

Seria, pois, condição exclusiva da disciplina História ser provável e à história oral ser improvável ou sensorial, porém, lembrando que o improvável também se situa no âmbito da vida social. A fantasia, a mentira, a distorção, o sonho, o lapso, o silêncio também.

Porque as histórias de vidas são decorrentes de narrativas e estas dependem da memória, dos ajeites, contornos, derivações, imprecisões e até das contradições naturais da fala. Isso talha a essência subjetiva da história oral de vida. No caso da história oral temática, contudo, a existência de um foco central que justifica o ato da entrevista em um projeto, recorta e conduz a possíveis maiores objetividades. Por lógico reconhece-se que objetividade absoluta não existe, mas há recursos capazes de limitar devaneios e variações. Uma das práticas decisivas na diferenciação entre história oral de vida e história oral temática é a existência de um questionário. Dizendo de outra forma, em história oral de vida, na medida do possível, deve-se trabalhar com o que se convencionou chamar de "entrevistas livres"; em história oral temática, o que deve presidir são os questionários, que precisam estabelecer critérios de abordagem de temas. As perguntas e respostas, pois, são partes do andamento investigativo proposto.

A história oral temática se aproxima em certa medida dos procedimentos comuns às entrevistas tradicionais. Isso, aliás, é um risco e tem sido lugar-comum a quem não entende de história oral. Porque se supõe que entrevista é meramente um diálogo investigativo, não faltam confusões. A diferença é que os procedimentos que determinam a história oral não se restringem apenas ao ato de apreensão das entrevistas. Todo o enquadramento em etapas previstas no projeto caracteriza o trabalho de história oral temática.

Tradição oral, por ter predicados únicos, por se assentar em bases de observação e se trabalhar com elementos da memória coletiva, não se encaixa na discussão sobre entrevistas. Ademais, a tradição oral depende de entendimentos entre os fundamentos míticos, rituais e vida material de grupos. A soma dessas balizas constitutivas demandam trabalhos profundos em que a observação dirige as entrevistas de maneira a submeter a narrativa a uma prática expressa.

4. 1 – HISTÓRIA ORAL DE VIDA

> "Se alguém colhe um grande ramalhete de narrativas orais,
> tem pouca coisa nas mãos.
> Uma história de vida não é feita para ser arquivada ou guardada
> numa gaveta, como coisa,
> mas existe para transformar a cidade onde ela floresceu"
> Ecléa Bosi

Muitos se referem à *história oral de vida* como "biografia", "relato de vida", "relato biográfico", "método biográfico", "notas biográficas" e até mesmo, sem relevar o papel de mediações, dado o fato do narrador *se contar*, "autobiografia". Mas há uma longa, secular, trajetória até que se chegasse ao gênero *história oral de vida*. A semente das histórias de vida repousa distante, mas certamente há um começo que pode ser assinalado pelas *Confissões* de santo Agostinho (354 – 430) que interna em si o Deus do cristianismo e com ele estabelece um diálogo íntimo, apaixonado, e revelador de dúvidas e convicções. Tudo baseado em uma trajetória que é histórico/pessoal. O texto de santo Agostinho projetou-se na literatura sobre o eu como um modelo que, sem dúvida, decorreu das percepções socráticas que prezavam o *cuidar de si,* que, por sua vez, se manifestaria por meio da interiorização reflexiva dos próprios atos. Séculos se passaram entre santo Agostinho e Pedro Aberlado (1079 – 1142), que escreveu um texto de encontro pessoal intitulado *A história de minhas calamidades* ou, em latim *Historia Calamitatum*, que também exerceu enorme impacto na época. Mais séculos transcorreram até que outra fundamental obra se firmasse no céu dos que consideravam fundamental o *"eu narrador"*, dessa feita a de Jean-Jacques Rousseau, no século XVIII, em suas *Confissões*. O livro de Rousseau é de todas as obras germinais o mais prestigiado, e sua reputação como sêmen da moderna biografia é incontestável, mas é importante lembrar que muito antes, uma mulher, Christine de Pisan, nos idos de 1365, abria caminho para revelações pessoais da vida feminina. Esse registro é importante porque desloca o olhar masculino e masculinizante que marcou o surgimento do gênero.

Independentemente do gênero narrativo encetado pela autocontemplação, vale assinalar que apenas no alvorecer do século XX, por iniciativa do par W. O. Thomas e F. Zananiecki, na Escola de Sociologia de Chicago, a prática acadêmica incorporou as histórias de vida como documento de respeitabilidade acadêmica. A justificação, porém, era vazada nos pressupostos de que a população imigrante polonesa a ser estudada era carente de documentos.

Nessa linha de atuação emergem os trabalhos cintilantes de Oscar Lewis, que se compõem com outros como Maurício Catani, Daniel Bertaux e Lucien Sève. Estava aberto o caminho para se pensar o que viria a ser depois a história oral de vida.

> Vigorosos impulsos foram dados no momento da contracultura, quando, em geral, ao se rebelarem contra a oficialidade das elites, pessoas do povo começavam a ser alçadas como exemplo de nova abordagem dos estudos sociais, que, de forma agressiva, começavam a ser "trocados".

Em termos sociomorais, a história oral tem vocação a valorizar o indivíduo em detrimento do exclusivismo da estrutura social. A origem dessa preocupação também é antiga e remonta à noção de cuidado despertada por Heidegger em relação *"a ser no mundo"*. Essa noção leva a considerar o que Platão definiu como "em si" e que modernamente Foucault redefiniu em sua "hermenêutica do presente" como *"a arte de se autogovernar"*, e assim o conhecimento e controle da narrativa sobre si mesmo teriam papel fundamental.

> Em termos histórico-científicos, a captação dessas noções do eu narrador ganhou sentidos diversos, produzindo uma formidável crítica, que, contudo, não dispensa seu uso ou validade.

Fazendo uma resenha das formas críticas de uso do biográfico, Gaston Pineau diz que há mais do que opiniões diferentes; posicionamentos opostos, que podem ser sintetizados em propostas como "ilusão biográfica" (Bourdieu) em oposição à ideia de "revolução existencial" (Sève). A captação acadêmica das histórias de vida serve como pesquisas sobre o funcionamento das sociedades (Peneff) e, segundo outros, como funções terapêuticas (Legrand). Por uma ou outra via, contudo, tem-se um leque de aceitação enorme, que tanto permite aos leitores de literatura como aos estudiosos da área de humanidades e mesmo ciências clínicas se aproximarem das histórias de vida. Nessa direção, o acréscimo de "oral" às histórias de vida é um ganho permitido pela junção da aparelhagem eletrônica com os procedimentos que se enfeixam nos critérios da investigação em história oral.

4.2 – HISTÓRIA ORAL TEMÁTICA

> "Não quero ser notícia depois de morto, porque o tema deve ser a vida e não a morte."
> Nelson Rodrigues

A história oral temática é solução que mais se aproxima das expectativas acadêmicas que confundem história oral com documentação convencional. Aliás, o caráter documental decorrente das entrevistas é o cerne desse ramo. Também é o mais considerado por jornalistas e demais pessoas que se valem de entrevistas como forma dialógica de promover discussões em torno de um assunto específico. Mesmo abrigando índices de subjetividade, a história oral temática é mais passível de confrontos que se regulam a partir de datas, fatos, nomes e situações. Quase sempre, a história oral temática equivale à formulação de documentos que se opõem às situações estabelecidas. A contundência faz parte da história oral temática que se explica no confronto de opiniões firmadas. Assim, por natureza, a história oral temática é sempre de caráter social e nela as entrevistas não se sustentam sozinhas ou em versões únicas. Decorrência natural de sua existência, a história oral temática pura deve promover debates com redes capazes de nutrir opiniões diversas ou, no caso de história oral híbrida, precisa se mesclar com outras fontes, que, enfim, rebaixam tanto seu uso como código (oral) específico quanto seu valor como documento original.

> Em termos de história oral pura, os projetos temáticos devem fazer as vozes se confrontarem de maneira a promover o esclarecimento das versões e assim as superações das dúvidas que, afinal, justificam o projeto.

Em geral, a história oral temática é usada como metodologia ou técnica e, dado o foco temático precisado no projeto, torna-se um meio de busca de esclarecimentos de situações conflitantes, polêmicas, contraditórias. A exteriorização do tema, sempre dado *a priori,* organiza a entrevista que deve se render ao alvo proposto. Então, o grau de atuação do entrevistador como o condutor dos trabalhos fica muito mais explícito e é orientado pelos recursos dados pela sequência de perguntas que devem levar ao esclarecimento do tema. Assim, seria equivocado considerar o colaborador um simples informante ou ator social ou mesmo objeto de pesquisa no sentido superado dos termos.

Como os trabalhos de história oral temática se dispõem à discussão em torno de um assunto central definido – mesmo que outros decorram ou concorram para seu esclarecimento –, os aspectos subjetivos ficam limitados ainda que não anulados. A presença do colaborador que entrevista deve ser atuante no sentido de favorecer a apresentação de argumentos do colaborador que responde a estímulos dados.

O entrevistador, no caso de história oral temática, deve ser preparado antes com instruções sobre o assunto abordado. Quanto mais informações se têm previamente, mais interessantes e profundas podem ser suas questões. Conhecer as versões opostas, os detalhes menos revelados e até imaginar situações que mereçam ser questionadas é parte da preparação de roteiros investigativos. A escolha dos colaboradores nesse ramo de história oral é fundamental, pois o caráter testemunhal exige a qualificação de quem se entrevista. O estabelecimento de comunidades de destino, colônias e redes é fundamental para que se respondam perguntas pertinentes aos fatos eleitos como temas. Então, além da caracterização do colaborador – quem é, onde estava na circunstância do evento, o que viu, ouviu, contou –, é crucial saber como se porta em face de outras versões. O projeto de história oral temática deve estar atento à existência de uma hipótese forte e consistente na medida em que será constantemente testada durante a entrevista.

> Sem dúvida, o teor testemunhal se torna a chave que abre os compartimentos escurecidos por versões que devem ser resolvidas pelo narrador.

> A hipótese de trabalho nesse ramo da história oral é testada com insistência e o recorte do tema deve ficar explícito de tal maneira que conste das perguntas a serem feitas ao colaborador.

Pretende-se, mesmo considerando que ela é narrativa de um fato, que a história oral temática busque a variante considerada legítima de quem presenciou um acontecimento ou que pelo menos dele tenha alguma variante que seja discutível ou contestatória. Como a "verdade", no caso, é um elemento externo, o entrevistador pode e deve apresentar outras opiniões contrárias e discuti-las com o narrador. Tudo com a finalidade de elucidar uma versão que é contestada.

> Dado seu caráter específico, a história oral temática tem características bem diferentes da história oral de vida. Detalhes da história pessoal do narrador apenas interessam na medida em que revelam aspectos úteis à informação temática central.

A história oral temática não só admite o uso do questionário, mas, mais do que isso, este se torna peça fundamental para a aquisição dos detalhes procurados.

4.3 – TRADIÇÃO ORAL

> "Tradição oral é a celebração do remoto criador."
> Jan Vansina

Seguramente a mais difícil, intricada e bonita forma de expressão da história oral é a tradição oral. Não se limitando apenas a entrevistas, a tradição oral trabalha com o pressuposto do reconhecimento do outro em suas possibilidades mais dilatadas. Viver junto ao grupo, estabelecer condições de apreensão dos fenômenos de maneira a favorecer a melhor tradução possível do universo mítico do segmento é um dos segredos da tradição oral. Parente da etnografia, a boa resolução da pesquisa em tradição oral implica minuciosa descrição do cotidiano e de suas inversões. A complexidade da tradição oral reside no reconhecimento do outro nos detalhes auto-explicativos de sua cultura. Noções de tempo, lógica da estrutura de parentesco, soluções de alimentação e ordenamento social, critérios de tratamento da saúde, visões da vida e da morte, bem como a organização do calendário e dos processos de celebração – rituais e demais cerimônias – são partes inerentes à compreensão de grupos que sempre são exóticos ao conhecimento comum.

As sociedades ágrafas são ricos depósitos de tradições orais. Não só elas, porém. Em muitos casos a exposição de um grupo à dominação de outros permite que as tradições dos dominados se adaptem de maneira a criar mecanismos de sobrevivência. De toda maneira, a lógica do diferente, antes de suas explicações para culturas exóticas a ela, exige detalhamento descritivo e explicações delegadas pelo próprio setor social que vivencia os fatos. Busca-se, pois, em primeiro lugar, enquadrar a situação da inexistência de registros escritos em um propósito de estudos que justifique a história oral feita a partir do levantamento dos mitos fundadores. Em segundo lugar, devem-se aplicar procedimentos capazes de permitir a recontagem do passado a fim de se produzir documentos capazes de possibilitar um acervo útil à instrução de análises devotadas tanto às explicações internas do grupo como às relações externas. As investigações devem revelar, além das posturas e comportamentos do grupo, a noção de passado e presente daquela cultura. A observação constante e o registro do cotidiano são procedimentos fundamentais para a tradição oral, que sempre está atenta ao comportamento do grupo. Essa atitude torna relativa a prática das entrevistas que podem existir, mas para elucidar comportamentos coletivos.

> Porque trabalha com a permanência e significado dos mitos, com a visão de mundo de comunidades que têm valores filtrados por estruturas mentais asseguradas em referências do passado remoto, a tradição oral percebe o indivíduo e o grupo diferentemente da história oral de vida e da história oral temática. Nesses casos prevalece o imediato; na tradição oral, o remoto compromete a noção de tempo linear.

> Explicações sobre a origem dos povos; crenças referentes às razões vitais do grupo e ao sentido da existência humana, enquanto experiência que imita a vida; e o comportamento, bem como o destino de deuses, semideuses, heróis e personagens malditos, fantásticos e "históricos" são aspectos caros aos estudos das tradições orais.

O calendário, as festividades, os rituais de passagens, as cerimônias cíclicas, as motivações abstratas de tragédias eventuais e doenças endêmicas ou epidêmicas, são matéria da tradição oral. O sujeito nesse tipo de pesquisa é sempre mais coletivo, menos individual, e por isso a carga da tradição comunitária é mais prezada e presente porque continuada.

Ainda que seja comum o uso da tradição oral em grupos fechados, como tribos ou clãs que afrontam à modernização, é possível fazer trabalhos de tradição oral em sociedades urbanas, industriais, em que a resistência aos padrões dominantes exige ritualização de práticas ancestrais. Os resultados de trabalhos de tradição oral, geralmente, são ainda menos imediatos que os demais. Porque requer participação constante e observações intensas, além de acompanhamento atento que sempre extrapola o nível da entrevista, a tradição oral é de execução mais lenta e exige conhecimentos profundos tanto da situação específica investigada como do conjunto mitológico no qual a comunidade organiza sua visão de mundo. Um conjunto de mitos ajuda o estabelecimento de pressupostos abertos à construção dos documentos e análise das tradições orais. Princípios mitológicos orientam a percepção popular sobre o fundamento e o destino de comunidades.

Há alguns princípios que organizam a teoria dos mitos que devem estar em mente ao se elaborar um projeto de tradição oral. Assim se pode pensar nos chamados mitos de origem (aparecimento do mundo, da vida, dos seres humanos), nos referenciais sobre os instintos básicos (reprodução e alimentação), nas explicações sobre a história (guerras, pragas, mortes), nas indicações do destino pessoal (sorte ou não no casamento e nos negócios) e nas explicações sobre o comportamento extraordinário (possessões, acessos). Esses fatores devem sempre ser equiparados aos grandes sistemas de mitos explicativos da história. Isso faz com que o investigador, obrigatoriamente, tenha conhecimentos universalistas a fim de oferecer comparações que mostrem a coerência entre as linhas interpretativas da humanidade. Sugestões mitológicas servem de princípios recorrentes para diversos grupos vistos sob a ótica da tradição oral: mito do eterno retorno; a visão do paraíso terreal; a ideia de terra prometida; de povo escolhido; a vitória do bem contra o mal; a volta do Messias.

UNIDADE III – A PRÁTICA EM HISTÓRIA ORAL

5 – Projeto de história oral
   5.1 – Comunidade de destino
   5.2 – Colônia
   5.3 – Rede
6 – Condições para as entrevistas
7 – Personagens e ética em história oral

5 – PROJETO DE HISTÓRIA ORAL

> "A história oral é uma grade de procedimentos
> que privilegia o sujeito, o diálogo,
> a criação textual desse diálogo..."
> Alberto Lins Caldas

     O detalhamento do projeto em história oral é condição para qualquer boa pesquisa, principalmente com entrevistas. Nessa linha, apresentam-se as partes constituintes de um projeto que tem características próprias por se tratar de "documentação viva". A seriação de entrevistas demanda tratamento especial da passagem do oral para o escrito e isso é aprofundado no tema da transcriação. O projeto em história oral é o instrumento norteador que ajuda a planejar o trabalho de pesquisa, delineando a proposta a ser desenvolvida, a justificativa/fundamentação, os meios operacionais, a questão da forma e a evidência dos objetivos por meio de hipóteses de trabalho. Tudo, porém, é tratado nos limites diferenciadores do projeto em história oral em contraste com os demais.
     Apontada como resultado de um processo que vai da transcrição simples à textualização, as entrevistas são exemplificadas em cada etapa.

A transcrição é valorizada como solução que cumpre função dupla: em si, como texto e de pertencimento ao *corpus* documental do projeto. São apresentados também os conceitos de comunidade de destino, colônia e rede que orientam maneiras específicas de resolução de problemas teóricos e técnicos que os oralistas têm na fase de apreensão das entrevistas e na constituição das narrações. Questões de "quem entrevistar", "quando" e "onde" são algumas das preocupações somadas nessa parte. Informações sobre o acompanhamento e controle do projeto de pesquisa em história oral, carta de cessão e caderno de campo finalizam essa sessão.

O projeto é a essência dos trabalhos em história oral. Mais do que mandamentos seguros para encaminhar um estudo, o projeto em história oral junta a motivação do trabalho com os procedimentos a serem efetivados para a boa realização da pesquisa. A conjugação de duas partes, a intenção e a prática de estabelecimento de textos e sua eventual análise, é o que caracteriza a história oral e a diferencia de outras propostas, mesmo das que também se valem das fontes orais. Como componente ativador do processo, o projeto é o elemento distintivo que articula e orienta os procedimentos de cada etapa, fazendo-o dar sentido aos fundamentos da investigação com fontes vivas.

> O projeto é a justificação e o mapa do andamento da pesquisa com entrevistas. Sem ele não se pode falar em história oral.

Diferentemente de projetos baseados em documentação convencional, os planos que incluem entrevistas em história oral partem da consideração de que a série documental em questão é elaborada, especialmente, para esse fim. Como documentos "fabricados a dois", em mútua colaboração, as entrevistas feitas para fins específicos não fazem jus ao mesmo tratamento dos dados mantidos em cartórios, arquivos, museus ou bibliotecas. Ainda que possam compor produtos guardados em arquivos, desde que respeitado o tipo de texto, entrevistas demandam tratamento diferenciado. E as entrevistas ganham força em conjunto como *corpus* documental.

A constituição de um novo tipo de série documental, elaborado especificamente para o fim proposto em história oral, conforma o processo de aquisição de entrevistas de maneira a sugerir constantes ajustes. A dinâmica da aquisição e organização de textos de história oral, por ser matéria viva, indica mudanças constantes nos planos iniciais. As novidades não previstas aprioristicamente forçam mudanças de rumo. Exemplo clássico disso é a aplicação da "lei dos rendimentos decrescentes", ou seja, se numa rede prevista de entrevistados há a repetição de aspectos, desde que definida a memória coletiva da comunidade, isso sugere alguma limitação na continuidade de entrevistas com o mesmo segmento. A força cumulativa das entrevistas deve ser prevista no projeto, mas suas variações também. Assim, a eficácia das hipóteses de trabalho e a verificação da problemática a ser solucionada devem se render à dinâmica dos documentos em formação. É claro que não se faz primeiro a série de entrevistas para depois inscrevê-las no andamento do projeto. O progresso dos estudos evolui cumulativamente em conjunto, vinculando a série com a verificação das propostas iniciais. Pode-se mesmo dizer que hipóteses de trabalho em história oral chegam a ser sugestões. O *a priori* em história oral é sempre uma temeridade.

Como rumo, o projeto em história oral sintetiza as decisões sobre como operar durante todo o processo de investigação, mas não é uma camisa de força.

Todos os aspectos abrangíveis devem estar contemplados no projeto como partes que se comunicam, harmonizam, crescem e mudam. Tudo, porém, depende de condições previamente determinadas e esclarecedoras dos princípios básicos da história oral: *de quem, como* e *por quê*. O projeto contempla esses três vértices da proposta, porém dedica-se com mais detalhes ao *"como"*. *"De quem"* é parte constitutiva das intenções sempre expressas nas justificativas, e, da mesma forma, o *"por quê"* ampara a intenção militante, de transformação do *status quo* do grupo abrangido.

Consideradas as três premissas básicas, faz-se importante definir o espectro do que se propõe estudar. O assunto deve ser delineado com cuidado, pois envolve a indicação do pessoal definido como colaboradores. A proposta *"de quem"* deve ser trançada com os fundamentos utilitários do estudo. Isso é o que delega ao projeto seu sentido e destino. O estabelecimento do princípio moral do estudo informa sobre os procedimentos, fazendo-os servos da motivação social.

Tendo em vista os princípios básicos da história oral: *de quem, como e por que* o projeto deve se iniciar a partir de escolhas que levem em consideração alguns fatores:

> A noção de mutabilidade do projeto se deve ao conceito de "fonte viva", pois, ao contrário das fontes escritas, a dinâmica do processo é ágil e sutil.

1– relevância social da pesquisa;

2– exequibilidade em termos de abrangência de entrevistas, local e tempo;

3– diálogo com a comunidade que o gerou;

4– responsabilidade na finalização e devolução ao grupo.

Essas características precisam orientar uma síntese que serve de título/guia para se iniciar a materialização do processo. Pelo menos no início, o título/guia deve ser composto por partes que se complementam a fim de revelar núcleos a serem abrangidos pela pesquisa. Um exemplo de título inicial é "*História oral de vida de nordestinos em São Paulo: a experiência migratória da seca de 1958*". Nesse caso, pode-se decompor elementos que orientam o trabalho a ser feito. A proposta em tela seria: 1) de história oral de vida; 2) o grupo a ser enfocado seria dos nordestinos que foram à cidade de São Paulo; 3) em decorrência da seca de 1958. Uma proposta como essa tanto marca a relevância social do tema como determina sua exequibilidade na medida em que baliza o grupo em um local e num tempo precisos. Além disso, assume importância diante de um grupo que se indaga quanto à identidade nordestina e paulistana, brasileiras.

Um projeto em história oral é constituído das seguintes partes:

1– tema;

2– justificação;

3– problemática e hipóteses;

4– *corpus* documental e objetivos;

5– procedimentos;

6– bibliografia;

7– cronograma.

O *tema* – sempre proposto de forma composta – além de sua relevância social deve apontar para a possibilidade de políticas públicas. Por lógico não se pensa em conquistas que resultem em efeitos de transformações absolutas.

Supõe-se que a indicação de medidas capazes de alimentar propostas de transformação seja meta adequada para explicar a razão dos projetos temáticos.

Em um estudo sobre os garis na cidade de Curitiba, envolvendo as trajetórias das pessoas, por exemplo, poder-se-ia pensar que mais do que se conseguir um perfil desses trabalhadores podem-se supor políticas de atendimento social – de educação, alimentos, tratamento de saúde e atenção familiar – a um segmento. Assim um projeto que poderia receber o nome de "*História de vida de trabalhadores da limpeza urbana de Curitiba: ação e transformação*" abrangeria um espaço de informação apta a indicar tipo de escolas profissionalizantes, potencial criativo do grupo e até mesmo correção de trajetos urbanos. Basta enunciar o tema para que se pense, inclusive, não apenas nas potencialidades internas ao grupo, à administração pública, mas também ao funcionamento da própria cidade. A noção de "ação e transformação", no caso, ganha foros de sutileza e sugestão na medida em que aponta para práticas de mudanças que tanto podem ser dos garis enquanto pessoas como do material que recolhem.

O segundo item do projeto é a *justificação*. Como "*ação*" para "*justiçar*" cabe nesse ato observar atentamente o entrosamento entre a proposta geral e o estudo em questão. Os motivos específicos que amparam a investida da pesquisa devem ser claros e se reportar aos grupos que se prestam às entrevistas. Atua aí mais o "*de quem*" e o "*por quê*". Os motivos alegados como motores do trabalho podem ser de ordem pessoal/grupal, acadêmica ou historiográfica. Mas sempre de fundo social e atenta ao entendimento do *tempo presente*. A explicação detalhada desses motivos deve refletir a relevância do tema em vista da fortuna crítica atinente ao assunto motivador da investida. Subjacente a isso, a *justificação* deve mostrar a pertinência do assunto visto por ângulos novos.

> Se em qualquer projeto é relevante sua justificação, em história oral isso é vital, dado o comprometimento moral com o grupo destacado para revelar suas experiências e versões dos fatos.

O realce aos mecanismos operacionais propostos visa a instruir dois procedimentos que se completam: 1) a elaboração do *corpus* documental; 2) a inscrição das entrevistas no projeto, fazendo com que ele ganhe sentido em conjunto. Tudo para se transformar em argumento capaz de instruir processos de mudanças sociais.

Depois da *justificação*, é preciso explicitar os mecanismos de constituição e usos do *corpus* documental produzido. Essa atitude leva à escolha do gênero ou ramo de história oral pretendida: de vida; temática; tradição oral. Em termos de operação ou procedimento é necessário definir se se trata de: 1) história oral *pura*, feita com diálogos internos das falas apreendidas, ou 2) história oral *híbrida*, quando as narrativas concorrem com outros suportes documentais. Esse é um momento importante, pois exige que se dê a dimensão – e defesa – das alternativas de cruzamentos entre as fontes escolhidas. De uma ou outra forma é mister esclarecer que num projeto de história oral as fontes principais e em torno das quais a pesquisa gira são as narrações dos colaboradores.

Na *justificação* deve-se evidenciar o motivo do uso de redes de colaboradores. As versões opostas, as opiniões variáveis e contrárias, são bem-vindas e sugerem a possibilidade de diálogo entre as falas. Tanto na alternativa do uso da história oral como metodologia ou técnica deve vigorar o pressuposto das diversas linhas que favorecem o debate. A *justificação* tem que se ater detalhadamente ao caráter dialógico da trama. Aliás, a dinâmica do trabalho está exatamente na promoção dessas várias diferenças.

Superada a fase de determinação temática e de afirmação dos motivos do projeto, ou seja, da *justificação*, outra etapa, é a *problematização,* que deve decorrer das investidas iniciais que qualificam o projeto.

É preciso ter claro quais os problemas que se quer buscar e como se pode pensar em caminhos, perguntas, aptas a ajudar na verticalização dos argumentos. Ao contrário dos projetos com documentação "datada", contudo,

> Incluindo as chamadas hipóteses de trabalho, a série de perguntas a serem respondidas deve ser arrolada em obediência ao sentido social do projeto.

as possibilidades de respostas dependem, muito, da boa montagem de redes de entrevistados. O fato de se tratar de "documentação viva" é um alerta preparatório para a falibilidade das problemáticas ou hipóteses. Paradoxalmente, ao mesmo tempo aí reside a fertilidade dos projetos em história oral.

O estabelecimento das entrevistas ou formulação do *corpus documental* é outra etapa do projeto. Ter claro o grupo escolhido é essencial para a definição de como há de se elaborar um conjunto de entrevistas capazes tanto de diálogo interno com o próprio grupo como com o entorno. O mesmo se diz a respeito da eventual interação com outros suportes documentais. A constituição de uma série documental requer cuidados. Um dos pontos cruciais é a determinação de onde ou por quem começar. Nesse sentido valoriza-se a entrevista inicial. A entrevista básica ou as entrevistas iniciais são chamadas de ponto zero e são elas que animam a sequência pretendida. É da fase de *ponto zero* que se extraem as perguntas específicas que favorecem a continuidade das demais. A fase de *ponto zero* deve fornecer elementos capazes de se aprofundar os pontos indicados na problemática e que devem ser perseguidos na investigação. Os *objetivos* do trabalho devem decorrer da intenção do estabelecimento do *corpus documental*.

> É importante realçar que os objetivos em história oral são derivados do núcleo documental.

As narrativas tornam-se o núcleo central das atenções, pois delas decorrem as razões e os dilemas embutidos nas *justificações*. Esse é o espaço para se formular pressupostos que vão se adensando na medida em que o cruzamento de ideias e opiniões deixa de ser individual e abraça o coletivo. A *problematização* deve se encaminhar para os *objetivos*. E os *objetivos* devem ser claros e diretos para funcionarem como parâmetro. Em história oral, por conta do seu caráter público, os objetivos são divididos em:

1– objetivo geral: que dá uma dimensão mais ampla ao que se quer estudar, a comunidade como um todo, sem especificações;

2– objetivos específicos: que se relacionam de maneira mais próxima com as questões que envolvem subdivisões do grupo analisado;

3– objetivos complementares: que dizem respeito à devolução pública do trabalho realizado.

Explicitar a operação, ou seja, o "como fazer", é um dos passos cruciais do projeto. Nesse estágio é preciso admitir conceitos apropriados para dar complexidade ou dimensão ao projeto de história oral. Três conceitos se hierarquizam de maneira combinada e sem eles muito bem definidos não se opera adequadamente em história oral:

1– Comunidade de destino;

2– Colônia;

3– Redes.

A partir das especificações de cada um desses elementos é que se estabelece a condução das entrevistas. Para se armar adequadamente o quadro dos colaboradores deve-se admitir com clareza que não basta "fazer entrevista" aleatoriamente e nem decidir sobre a forma de procedimento dialógico sem obedecer às estratégias de cada situação. As grandes definições dos quadros de colaboradores devem orientar o critério decrescente, partindo do mais amplo para o mais específico. Assim, apenas depois que se estabeleceu um entendimento do que é comunidade de destino é que se pensa em colônia, para, por fim, chegar-se às redes.

Há um natural afunilamento da capacidade de apreensão das diversas experiências e versões dos fatos derivados das entrevistas. Assim, da ampla determinação da **comunidade de destino** passa-se à definição da **colônia** e dela se chega à formulação das **redes**.

Depois, é preciso detalhar as questões de ordem prática para a realização das entrevistas, que serão: *únicas* ou *múltiplas*; *abertas* ou *direcionadas*;

onde se realizarão, quanto tempo devem durar? Esses detalhes implicam a explicitação dos conceitos aludidos (*Comunidade de destino*, *colônia* e *redes*). Partindo-se do maior para o menor, tem-se que se pretende com essa terminologia facilitar a operação e dar consistência ao projeto que, em suma, tem as seguintes etapas.

5.1 – COMUNIDADE DE DESTINO

> "Esse é o *amor faci* que faz com que o destino não apenas se realize, mas seja aceito, até mesmo amado como tal."
> Michel Maffesoli

Há dois pressupostos que instruem a conceituação de "*comunidade de destino*". A primeira é de base material e a segunda de fundamento psicológico, de gênero ou orientação (política, cultural ou sexual). No primeiro caso, elementos de efeitos físicos dizem respeito a situações que vinculam pessoas, clãs e grupos expostos a circunstâncias que dão unidade traumática ao destino das pessoas: calamidades, terremotos, pestes, flagelos, marcam a vivência coletiva de um grupo em um lugar físico e cultural. Outra alternativa, esta de base psicológica, diz respeito às experiências de cunho moral: pessoas afetadas por dramas subjetivos ou não naturais como violência, abusos, arbitrariedades, discriminação. De uma ou de outra forma, a sustentação que marca a união de pessoas são dramas comuns, coetâneos, vividos com intensidade e consequências relevantes, episódios que alteram no porvir o comportamento pretérito, rotineiro, e que impõem mudanças radicais de vida grupal. Lembrando que, para Halbwachs, a memória coletiva é marcada pela afinidade repetida de vivência comunitária de alguns dramas, é na incidência dos problemas e na busca de soluções que se evidencia o efeito da experiência comunitária. Nessa linha, lembrar é um desafio fundamental. A memória se constitui assim em artifício político-social para marcar os elementos identitários de uma comunidade.

O coletivo é sinal da insistência de aspectos traumáticos que determinam comportamentos registrados na memória. Sem a repetição e a tomada de consciência do drama comum não há memória coletiva. A perspectiva de Halbwachs preza a formação da memória comunitária construída mais por afinidades afetivas, por trajetórias repartidas em cumplicidade que envolve a todos do que propriamente nas altercações ou parcelas não representativas do coletivo.

A partir de uma postura comum de um passado filtrado pelo trauma coletivo se formaria uma **comunidade de destino** que seria matéria de registro e verificação da história oral.

Em termos de história oral, as afinidades que enlaçam cidadãos que passam a ter destinos comuns são sempre distinguidas pela repercussão dos fatos na vida comunitária. Seja por ter sofrido prisões, terremotos, abalos climáticos, padecido torturas, epidemias, os grupos são identificados na história oral como portadores de uma "*comunidade de destino*". Assim, mais ou menos naturalmente, a história oral privilegia grupos sociais deslocados – migrantes e imigrantes –, parcelas minoritárias excluídas, marginalizadas, e se vale de suas narrativas para propor um "*outra história*", ou história "*vista de baixo*", de ângulo incomum, sobre determinada realidade em contraposição ao silenciamento ou à visão "majoritária" e institucionalizada, assumida como aquela que devemos reconhecer como "versão oficial". Por lógico, a visão dos grupos de poder interessa, mas como contraponto para o diálogo com os desvalidos.

A abrangência e a repetição são marcas da memória coletiva e só interessa à história oral o sentido comunitário da memória. Mas a memória coletiva não é monolítica.

5.2 – COLÔNIA

"Como alcançar a unidade na (apesar da?) diferença
e como preservar a diferença na (apesar da?) unidade?"
Zigmunt Bauman

"*Colônia*" é definida pelos padrões gerais de parcela de pessoas de uma mesma "*comunidade de destino*". Se "*comunidade de destino*" é o todo, "*co-

lônia" é sua primeira divisão, ainda que em bloco grande. Deve existir um critério explícito para se proceder à divisão do todo, pois a finalidade da "*colônia*" é facilitar o entendimento do coletivo que se perderia na abrangência.

A "*colônia*" é parte dividida para possibilitar o entendimento do todo pretendido. Mas há sutilezas nesse fracionamento,

> Menor que **comunidade de destino**, a **colônia** é fragmento substantivo, fração representativa, ainda que numericamente inferior à grande **comunidade de destino**.

pois é necessário guardar, ao mesmo tempo, características peculiares que justifiquem a fração e manter os elos comuns ao grande grupo. Assim como poderíamos supor que, entre os nordestinos que vieram para São Paulo na seca de 1958, os evadidos de cada estado apresentam suas características diferentes, tem-se que, na grande "*comunidade de destino*", as colônias são variadas culturalmente.

A "*colônia*" visa a organizar a condução do estudo fazendo-o viável. Como seria impossível pensar a "*comunidade de destino*" como um bloco indivisível, o parcelamento em "*colônia*" seria uma solução operacional que tornaria viável o estudo. A decisão sobre "*colônia*", contudo, é sempre arbitrária, pois há várias formas de proceder a esse parcelamento. De outra maneira, por exemplo, poder-se-ia pensar em estabelecer "*colônia*" segundo o critério de gênero: a migração das mulheres em paralelo à dos homens; das crianças em comparação com os velhos; a dos que vieram sozinhos em equiparação aos que trouxeram família. Nesse caso, a "*comunidade de destino*" se manteria a mesma – os nordestinos migrados para São Paulo na seca de 1958 e a "*colônia*" – em vez de se ater ao todo indiscriminadamente, diria respeito ou à procedência por estado ou ao gênero feminino em complemento ao masculino. No caso dos estados, prevalece a resistência cultural – hábitos alimentares, tradições domésticas, música –, e no caso do gênero as diferenças entre a experiência migratória para a mulher e para os homens.

5.3 – REDE

> "Para mim, as histórias são como uns joguinhos de peças e montá-los de um ou de outro jeito é como jogar."
> Gabriel García Márquez

A "rede", por sua vez, é uma subdivisão da "*colônia*", portanto a menor parcela de uma "*comunidade de destino*". Dentro da "*colônia*" é possível identificar segmentos ainda mais restritos que possuam feições singulares. A rede deve ser sempre plural – idealmente várias –, porque nas diferenças internas aos diversos grupos residem as disputas ou olhares diferentes que justificam comportamentos variados dentro de um mesmo plano.

> Um dos fundamentos do bom estabelecimento das redes preza o entendimento em profundidade das razões de segmentos organizados que compõem o todo.

Interessam os argumentos que justificam o fenômeno para cada segmento. A riqueza das redes indica a fertilidade dos motivos que, sob um mesmo motivo central – no caso a seca do nordeste e a vinda a São Paulo em 1958 –, teriam promovido os deslocamentos. Ainda supondo esse exemplo, cabe lembrar que as razões que trouxeram os homens são diversas das que motivaram as mulheres. Assim, poder-se-ia pensar uma rede masculina e outra feminina. Subdivisões ainda poderiam ser consideradas: redes dos homens que vieram com famílias e dos que vieram sós. Principalmente no caso do tratamento metodológico – em que são considerados os argumentos orais como forma de análise –, a comparação de redes diferentes fornece, em geral, excelente oportunidade para consideração.

A origem da rede é sempre o *ponto zero,* e essa entrevista deve orientar a formação das demais redes. A indicação de continuidade das redes preferencialmente deve ser derivada da entrevista anterior. Assim, em cada entrevista o colaborador deve indicar alguém que comporá a rede. A vantagem dessa estratégia é que por ela monta-se a rede de acordo com o argumento dos entrevistados e não dos diretores do projeto. Com isso, se fortalece a razão do grupo.

É possível trabalhar com duas ou mais redes ao mesmo tempo, mas o cuidado que se cobra é que não haja mistura de argumentos. As questões apresentadas às mulheres, por exemplo, são diferentes das feitas aos homens. A atenção aos argumentos de cada rede justifica a intensificação do entendimento das razões de cada segmento.

Exemplo aplicado a um projeto:

> **Tema**: "História oral de vida de nordestinos em São Paulo: a experiência migratória da seca de 1958".
> **Comunidade de destino**: todos os nordestinos atingidos pela seca de 1958.
> **Colônia**: os nordestinos atingidos pela seca de 1958 e que migraram para a cidade de São Paulo.
> **Redes**: 1) homens que vieram com famílias; 2) homens que vieram sem família; mulheres que vieram com família; mulheres que vieram sem família. Outras divisões poderiam ser pensadas: pessoas – homens e mulheres – com familiares em São Paulo; pessoas que antes tiveram experiências em São Paulo.

Um projeto desse tipo pode abrir caminho para se pensar nos papéis sociais – masculinos, femininos, de pais e filhos –, num processo de migração como esse. Por outro lado, a memória das estruturas sociais fica exposta de maneira a sugerir critérios para a adaptação e mudanças.

6 – CONDIÇÕES PARA AS ENTREVISTAS

> "As entrevistas em casa aumentarão as pressões dos ideais 'respeitáveis' centrados no lar; uma entrevista num bar, mais provavelmente, enfatizará atrevimentos e brincadeiras; e uma entrevista no local de trabalho apresentará a influência das convenções e atitudes ligadas ao trabalho."
> Paul Thompson

Segundo preceitos firmados no projeto, história oral implica uma série de decisões sobre circunstâncias das entrevistas; assim, deve-se especificar, além das definições de espaço e tempo de duração, se elas terão ou não estímulos e se as narrativas decorrentes serão livres ou estruturadas. Vantagens e desvantagens de cada situação devem fazer parte dos projetos.

A memória individual, apesar de se explicar no contexto social, é aferida por meio de entrevistas nas quais o colaborador tenha ampla liberdade para narrar. Cuidados devem ser tomados em relação às interferências ou estímulos presentes nas entrevistas. Estímulo é incitação, não forma de colocar na boca do entrevistado as respostas que se quer obter. Estímulos podem existir ou não; tudo, porém, depende dos pressupostos estabelecidos no projeto.

> O ocasional uso de estímulos deve ser apresentado ao colaborador antes de suas eventuais aplicações, pois eles alteram a naturalidade que, muitas vezes, é buscada.

Há autores que apenas consideram a memória, enquanto fator de análise, depois que elas são depuradas por entrevistas múltiplas. Para esses, meras pontas de lembranças, reações imediatas, equivalem à fantasia ou à superficialidade. Outros, contrariamente, preferem operar com a espontaneidade, acreditando que a naturalidade seja um atestado de pureza da memória e que, se trabalhadas por estímulos ou exercícios, elas espelham organizações progressivamente mais sofisticadas. Os que advogam uma narrativa armada, ou seja, em que o colaborador tenha tido tempo para se preparar e assim promover uma visão mais organizada da história, preferem buscar a definição da consciência no que foi dito. Os outros optam pela naturalidade.

A fim de produzir melhores condições para as entrevistas, o local escolhido é fundamental. Deve-se, sempre que possível, deixar o colaborador decidir sobre onde gostaria de gravar a entrevista. Existem situações em que estúdios, centrais de sons, são requeridos. Nesses casos, logicamente, os projetos desenvolvidos por museus ou arquivos demandam espaços privilegiados, mas geralmente a casa da pessoa, quando não há impedimento, passa a ser o espaço escolhido. Existem situações em que escritórios, locais de trabalho ou de encontros sociais, como clubes, são eleitos. Sabe-se de alternativas de entrevistas gravadas em igrejas, hotéis, restaurantes, cinemas, com bons resultados, mas, de qualquer forma, o ideal é sempre haver condições adequadas para a pureza do som, evitando-se interrupções e outros impedimentos que distraiam a concentração.

Quanto ao tempo dado para cada entrevista também vale supor a dinâmica do encontro. Ainda que haja narradores mais ou menos eloquentes, deve-se planejar o número de horas para cada encontro. Além do aspecto prático

> A flexibilidade, evidentemente, deve existir; mas, em geral, a entrevista não deve ser "quebrada" ou "recortada" sem fortes razões.

de cada situação de entrevista, deve também prevalecer o cuidado com o material, pois é lamentável faltar fita, por exemplo.

Quem entrevista quem é outro fator decisivo na qualidade do projeto. Em muitos casos, convém pensar que deve haver especificações no relacionamento entre entrevistadores e entrevistados. O que é melhor ou não, depende sempre do tipo de projeto. Algumas perguntas devem ser respondidas antes de se partir para a aventura das gravações: é melhor saber o máximo possível sobre as pessoas ou não? É melhor homem entrevistar mulher ou não? E as idades devem se equivaler? Em se tratando de situações étnicas, seria a mesma coisa, branco entrevistar negro sobre suas circunstâncias raciais?

Uma característica interessante das narrativas de memória individual é que ela acaba por ser identificada com o relevo das pessoas na sociedade. Quase sempre, é comum encontrar pessoas que não se acham importantes ou que delegam a outros a capacidade de narrar. Isso se deve a uma característica da nossa sociedade sempre aberta a celebrizar pessoas e diminuir o papel das pessoas comuns.

> Ao mesmo tempo, a percepção de que uma narrativa centraliza o narrador, que passa a ser a origem dos acontecimentos, gera sempre uma sensação de importância social com a qual muitas pessoas não estão habituadas.

Dada essa característica defeituosa sobre quem é motivo de gravação, os trabalhos de memória individual apenas têm ganhado publicidade quando são transparências de personagens consideradas importantes. Quer seja pelo papel ou pela circunstância que envolve alguma pessoa, a memória ganha um caráter emblemático que, contudo, deve ser visto sempre pela ótica social.

Sendo a memória sempre dinâmica, e que muda e evolui de época para época, é prudente que seu uso seja relativizado, posto que o objeto de análise, no caso, não é a narrativa objetivamente falando nem sua relação contextual, e, sim, a interpretação do que ficou (ou não) registrado nas cabeças das pessoas e foi passado para a escrita.

7 – PERSONAGENS E ÉTICA EM HISTÓRIA ORAL

> "O respeito pelo valor e pela importância de cada indivíduo é, portanto, uma das primeiras lições de ética sobre a experiência com o trabalho de campo na história oral."
> Alessandro Portelli

No passado, ou em entendimentos tradicionais que ainda vigoram, a definição de quem era o entrevistador e o entrevistado ficava claramente estabelecida nas "transcrições exatas", que, por sua vez, determinavam quem era quem. Quase sempre se assinalava um "E" para o entrevistador, outras vezes usava-se a letra "P" (de pergunta) ou a inicial de quem registrava a entrevista. Valia-se também do "R" para significar a resposta ou as iniciais do entrevistado. Em muitos casos, também apenas se usavam travessões nos inícios das perguntas e das respostas. Dados os avanços da história oral, essa relação se modificou porque também mudaram os papéis referentes à autoria do projeto e o significado do uso das entrevistas. Além disso, incorporando aspectos da moral e da cidadania contemporâneas, inclusive os debates sobre as relações éticas, de direito à autoria e a função social do produto intelectual, têm imposto cuidados em relação ao uso da entrevista e de preservação da imagem do entrevistado.

Independentemente dos prazos – que são curtos para os jornalistas – na história oral, as entrevistas devem produzir

> Nada deve ser espontâneo num encontro de história oral. Apenas a liberdade de fala deve gozar de prerrogativas descontraídas.

resultados feitos com morosidade e atenção exageradas. Sem isso não se realiza a cooperação e não se explica a mediação. Não se deve pensar em imediatismos no trato das entrevistas. Ainda que sempre presida a intenção de se publicar ou disponibilizar os resultados das entrevistas, recomenda-se que elas sejam tratadas em sua íntegra. Ao contrário de indicações superadas por práticas comuns na Sociologia, mesmo quando fragmentados os discursos narrativos, anexa, sempre que possível, deve vir a entrevista, trabalhada na íntegra. Quando isso não for viável – seja pelo tamanho ou pela característica do projeto –, deve ser obrigatoriamente indicado o lugar de acesso a ela. Cabe ao diretor do projeto fazer tal indicação.

> Na realidade, a história oral demanda um complexo tratamento entre as partes. Uma etiqueta rigorosa prescreve os procedimentos que devem ficar claros segundo o projeto e explicitados invariavelmente antes da realização das entrevistas.

A questão do compromisso é fundamental na teia de relacionamentos da história oral. É relevante lembrar que compromisso não quer dizer cumplicidade ou afinidade absoluta. É importante ter em mente que muitos projetos, para serem mais completos, exigem que sejam integradas no conjunto das entrevistas pessoas que se colocam em linhas ideológicas, pessoais, posições diferentes dos diretores dos entrevistadores. Isso, em vez de significar motivo de contraste, deve ser visto como fator de enriquecimento do projeto, posto ser uma forma de completar visões de fenômenos que ficariam comprometidos sem o "outro lado". Porque tem sido muito comum se fazer história oral com setores com os quais os pesquisadores se comprazem ou afinam, é importante lembrar a necessidade de também se ouvir outras partes e integrá-las no projeto.

Em muitos projetos de história oral, confrontam-se as opiniões e, mais do que elas, as orientações que motivam as partes. Na suposição, por exemplo, de um estudo que enfoque torturados e torturadores, vítimas e perpetradores, os entrevistadores não precisam obrigatoriamente ser solidários ou afinados com a parte contrária. Requer-se, isso sim, uma atitude profissional e democrática que

> Evidentemente não se advoga a possibilidade de uma ação neutra, distante e imparcial. Isso simplesmente não existe. O que se pede é uma postura profissional, de alguém que sabe ouvir e dialogar.

admita contemplar argumentos de ambos os lados. No momento da apreensão das narrativas, tanto a lógica de uma parte como da outra se faz válida.

Por outro ângulo, o próprio entrevistador deve deixar ser um observador da experiência alheia e se comprometer com o trabalho de maneira mais sensível e compartilhada. Tudo isso sem perder de vista a visão do projeto como um todo. A mudança do significado dos papéis, de quem é quem, não está apenas ligada à superação das formas tradicionais de se fazer entrevistas. A dependência do colaborador passa a ser muito maior do que era antes. Não apenas este tem que dar a autorização para a publicação de parte ou do todo da entrevista, mas ele pode e deve também participar das etapas de transcrição e revisão do texto que lhe compete. Indicações de continuidade das entrevistas também podem favorecer o papel ativo dos colaboradores.

Deve-se ter em mente que a capacidade de narrar está na anuência, no estado psicológico e físico do entrevistado, que pode, sim, decidir sobre os rumos finais da entrevista. Isso que parece óbvio não é tão claro, pois se julga que o controle da relação se concentra nas mãos do entrevistador, que detém o gravador e que poderia apertar botões de comando, assumindo os rumos da relação. Essa tensão permanente continua, pois ao terminar a entrevista ou as sessões de gravação as decisões sobre detalhes da transcrição passam a ser comandados pelo autor das transcrições. Ao voltar para a conferência das entrevistas, contudo, tudo muda até que se estabeleça o texto final.

Um termo significativo na relação de poder das partes é a palavra "negociação". Mais do que pôr ou tirar partes de uma entrevista, tudo deve ser negociado. Muitas vezes coisas ditas em momentos inesperados ou como parte de uma narrativa ganham relevo diferente quando vertido do oral para o escrito. Caso haja necessidade e seja definida a relevância do que foi falado, recomenda-se um ambiente de camaradagem para a negociação.

Outro termo relevante na moderna história oral é o da "autoria". Segundo os critérios das antigas práticas de trabalho com entrevistas, a questão da autoria não representava nenhum problema. Para a história oral, contudo, um dos aspectos mais interessantes e polêmicos remete

> Um dos pontos mais prezados na consideração da história oral está exatamente no fato de ela abrigar possibilidades de enganos, mentiras, distorções e variações dos fatos registrados e conferidos por outros documentos.

à questão do autor. Basicamente a pergunta que se faz é se o autor é quem contou a história ou quem a redigiu, dando-lhe uma solução formal definitiva? Na prática, esse ponto tem complicado muitos pesquisadores que se perdem ao confundir o trabalho de colaboração na entrevista com a direção compartilhada do projeto.

São conhecidos casos em que os autores dividem os proventos das obras publicadas e até sabe-se de situações em que os autores abrem mão dos direitos autorais em favor dos entrevistados. Essa decisão, porém, deve pertencer exclusivamente ao autor. Apesar de o tratamento dado ao entrevistado ser o de colaborador, mediante as responsabilidades do escrito, o autor deve ser sempre quem colheu a entrevista, dirigiu o projeto e assumiu publicamente a responsabilidade sobre o que está dito, gravado e usado. A mudança da consideração do papel do entrevistado tem ocasionado alguns problemas. A novidade da questão e a intimidade que muitas vezes se estabelece entre as partes têm provocado situações inusitadas e de risco. Em alguns casos, certos colaboradores se sentem tão donos do projeto que querem determinar o seu curso. É possível inclusive haver circunstâncias em que os colaboradores forcem situações inconvenientes e até usem de chantagem para atuar no desenvolvimento da pesquisa. O autor tem que ter clareza de seu papel e saber diplomaticamente colocar limites na interferência de colaboradores mais afoitos.

> Não apenas os direitos autorais devem ser encaminhados para o autor, mas também os riscos da condução da pesquisa, dos usos das entrevistas e os eventuais erros não explicitados nas apresentações ou comentários publicados.

> Há projetos de história oral em que se faz necessário o esforço de equipe. Nessas situações, deve-se proceder a repartição das tarefas, mas o trabalho deve ter um diretor que será, sempre, o responsável geral pelo andamento e controle das etapas do projeto.

Assim, se alguém ou um conjunto de pessoas se responsabiliza pelas entrevistas de uma rede, as tarefas devem permanecer sempre as mesmas. A mudança de atividades pode prejudicar a "especialização" e em troca provocar improvisações no manejo das tarefas. Quando ocorrem trabalhos com equipes, sugere-se que haja um calendário de reuniões e que todos os membros da equipe tomem conhecimento das funções e dos estágios dos companheiros e do projeto.

Há uma forma de história oral que exige cuidados especiais. Em determinados projetos trabalha-se com o pressuposto da história oral de pessoas anônimas. Isso ocorre quando, para evitar a identificação pública de entrevistados célebres ou para se evitar constrangimentos envolvendo terceiros, muda-se o nome da pessoa e alteram-se as situações da história ou da versão de algum fato capaz de possibilitar a precisão dos casos. O mesmo acontece em relação à proteção de indivíduos que precisam do anonimato para não expor a si ou a família.

Projetos que trabalham com situações de risco, de vexames, de impressões sobre outros, ou de denúncia, podem valer-se da "invisibilidade". Contudo, na apresentação do trabalho devem ficar claros o nível e as razões do "disfarce".

Nesses casos, também é importante que se tenha a autorização do colaborador para se publicar a entrevista. Da mesma forma, o leitor deve ficar avisado. Existem grupos de leitores que criticam negativamente esse tipo de proteção do colaborador, mas em determinadas ocorrências ele é plenamente justificado e até recomendado. Um dos exemplos mais expressivos da validade dos projetos de história oral de personagens anônimos remete aos casos de estudos que envolvem pessoas públicas, artistas e políticos.

UNIDADE IV – ESTATUTO DA HISTÓRIA ORAL

8 – Em busca de um lugar

    8.1 – História oral como "ferramenta"
    8.2 – História oral como "técnica"
    8.3 – História oral como "método"
    8.4 – História oral como "forma de saber"
    8.5 – História oral como "disciplina"

8 – EM BUSCA DE UM LUGAR

> "Qual o *status* da história oral?
> Difícil orientar-se em campo configurado
> tão recentemente, em meio a
> diversas concepções que se entrecruzam..."
> Janaína Amado e Marieta de Moraes Ferreira

Em diferentes situações, no mundo todo, muito em particular pelos efeitos da globalização, a história oral chama a atenção por ser um recurso crescente, prático, persuasivo e, para muitos, respeitável. Sua utilidade se abre para a apreensão, registro e, eventualmente, trabalho analítico sobre experiências de pessoas e grupos que se dispõem a deixar testemunhos ou que são convidadas para, pela fala, transformar sua experiência em documentos escritos. De tal maneira a popularidade da história oral tem se estendido que alguns defensores desse tipo de manifestação se amparam no termo *oralista* para designar seus adeptos. Mas, lembremos, o termo oralista abriga uma subversão capaz de provocar iras de quantos são acanhados na reconsideração do papel da escrita e do oral. A substituição do termo antes usado – "historiadores orais" por oralista – faz sentido àqueles que supõem a história oral além de um exercício de historiadores de ofício ou mesmo de prática exclusiva da universidade. Mesmo nos espaços das academias, o enquadramento na condição de "historiadores orais" tem provocado estranhamentos causados a tantos outros intelectuais, como sociólogos, antropólogos, psicólogos, jornalistas, etnólogos, geógrafos, que, ao trabalhar com pressupostos da história oral, sentem-se constrangidos diante da dependência pouco explicitada em sua relação com a disciplina História. O adjetivo qualificativo "oral" à História, ao mesmo tempo em que incomoda, paradoxalmente, não tem motivado questionamentos diligentes a quantos se sentem afrontados pela designação que é, no mínimo, imprópria. Além da adjetivação injusta, por lhes roubar as afiliações disciplinares, muitos se veem perturbados com o exclusivismo da dependência de uma disciplina, a História, que lhes é alheia. Afinal, pergunta-se: seria a história oral patrimônio dos historiadores e os demais usuários teriam que se render a uma "*História sem adjetivos*"? Se a atribuição à História incomoda aos profissionais da cultura no ambiente universitário, o que dizer do efeito na comunidade não acadêmica? O não esclarecimento dos papéis tem levado muitos a manter a confusão entre história oral e depoimentos, entrevistas, gravações.

> Um dos erros mais comuns é a confusão entre o mero uso de entrevistas e história oral. Entrevistas são diálogos efetuados para instruir temas ou argumentos nebulosos ou informativos e seu alcance muitas vezes se esgota nisso. História oral é um processo de registro de experiências que se organizam em projetos que visam a formular um entendimento de determinada situação destacada na vivência social. Enquanto a entrevista subsidia outros tipos de documentos, no caso da história oral o que se pretende é a centralização das narrativas que se constituem, desde sua concepção, em objeto central das atenções.

Não faltam, atualmente, os que passam a escrever história oral com letra minúscula para diferenciá-la das formas disciplinares de produção de saber ou conhecimento. Mais do que um ato de rebeldia, essa alternativa implica exigência de definição para um campo que, em muitos casos, quer ser independente. A grafia com letras minúsculas, contudo, não deve ser índice de rebaixamento ou exclusão da história oral do plantel de matérias prezadas pelos cultores do entendimento social. Pelo contrário, trata-se

Unidade IV – Estatuto da história oral 65

de uma dimensão democrática, por ser abrangente e acessível, de uma investida que mais do que submeter formas e maneiras de produzir conhecimento ao crivo acadêmico permite manifestações que pavimentam a estrada de tantos que gostariam de promover pesquisas mesmo sem a graduação corporativa universitária. Isso, porém, não significa falta de critérios rígidos para os procedimentos investigativos. Os exemplos de bons trabalhos feitos fora do espaço acadêmico se multiplicam e comprometem o exclusivismo universitário. Ao fim e ao cabo, questiona-se a existência de uma história oral feita na e pela academia e outra fora das grades universitárias. O que se busca valorar é a feitura de uma boa história oral.

> O que se quer como condição de bom trabalho em história oral é rigor nas formas de condução das pesquisas e clareza no uso das entrevistas ou outras manifestações da oralidade. Fala-se, pois, das possibilidades de se pensar em autonomia da história oral que não mais seria instrumento complementar, documentação subsidiária, suplemento ou mesmo mera fonte.

Uma primeira decorrência da procura de autonomia ou da melhor definição da história oral diz respeito ao seu estatuto. Convém logo questionar qual o lugar da história oral no conjunto do conhecimento do mundo moderno, dentro e fora do meio universitário. Usualmente, para qualificar a história oral, são apontadas cinco possibilidades. A saber, história oral como:

1– ferramenta;
2– técnica;
3– metodologia;
4– forma de saber;
5– disciplina.

É conveniente dizer que qualquer alternativa merece consideração desde que a escolha seja fundamentada e discutida em relação às demais possibilidades. O que não se releva é o uso indiscriminado da história oral como se ela não possuísse um debate consistente sobre seu lugar na composição das formas de apreensão dos fenômenos sociais. Há também um fator divisório que atinge a comunidade dos que praticam a história oral: seu caráter profissional ou amador. Em geral, os trabalhos de história oral são feitos por pessoas interessadas em soluções de registro e análise de situações, problemas e fenômenos sociais. Há casos em que os pesquisadores são vinculados a entidades que trabalham profissionalmente e são perfeitamente adequados aos cânones prezados pela história oral que dialoga com saberes acadêmicos. Em outras situações, tipos que não se vinculam às instituições de ensino, mas que também promovem pesquisas exemplares, cabem na coletividade dos oralistas. O que, de forma alguma, deve prevalecer é o caráter comercial, ou mercantil no mau sentido, do fazer história oral. Desde que comprometam os critérios da livre investigação, se houver censura ou "recomendações" para que se deixe de lado este ou aquele aspecto da pesquisa, condena-se tal prática. A liberdade de expressão é condição precípua da história oral. Também se opõe ao uso de entrevistas, imagens, ou combinação de ambas, como forma publicitária como se história oral servisse de apoio à *merchandising* ou propaganda.

Convém lembrar que até pouco tempo era dispensável a discussão sobre o estatuto da história oral. Ela ser uma simples "ferramenta", "técnica", "método", "disciplina" ou "forma de saber" era algo que se perdia na prática de seu uso até então pouco cuidado em termos de definição teórica. Dado o alcance da história oral praticada tanto nas universidades como fora dela, e principalmente por causa da distância entre essa produção e as demais, criou-se uma disputa intensa sobre o direito de fazer história oral. Ainda que esse debate esteja em fase de melhor aproximação, é fundamental que se oriente sobre os critérios de enquadramento.

8.1 – HISTÓRIA ORAL COMO "FERRAMENTA"

> "Existir, humanamente, é pronunciar o mundo,
> é modificá-lo."
> Paulo Freire

Sem constituir um objeto específico de pesquisa, como "ferramenta", a história oral seria um recurso adicional, instrumento a mais, ou mero instrumento. Enquanto acessório de argumentos formulados por outros estímulos contíguos, a história oral sintetizada em entrevistas não ultrapassaria o significado dos demais meios ou *fontes auxiliares* e, assim, teria certa neutralidade na reputação. Então,

Na aparência, a história oral é manifestação "multidisciplinar", um procedimento disposto aos vários grupos de tradições disciplinares diferentes ou de pesquisadores interessados. Isso, aliás, explicaria a adesão diversificada de segmentos promotores de registros e análise dos fenômenos sociais. Contudo, os limites do conceito de "multidisciplinaridade" – que se perde na falta de objeto próprio – acabam por reforçar a hegemonia da História como campo que submete a oralidade e subjuga o trabalho em outras áreas que se valem da prática de entrevistas.

como "algo a mais", as entrevistas se equipararam aos outros suportes, sejam: escritos, estatísticos ou iconográficos. Seria, enfim, um acessório, simplesmente um recurso que poderia ou não contribuir para reforçar argumentos. Em outras palavras, equivaleria a só mais um adendo. Não seria errado dizer que, inclusive como ferramenta, as entrevistas apenas serviriam para exemplificar casos indicados como consequência de motivações históricas que, essas sim, precisariam de explicações mais consequentes. O valor testemunhal exarado de entrevistas a reduziria à afirmação ou negação de algo já estabelecido ou sem base documental. Isso é pouco.

Como "ferramenta", porém, mais recentemente, o uso de entrevistas em história oral foi posto em questão. Equivalendo a ponto de partida, ficava aberto o atalho para verificações mais profundas quanto a sua razão de ser. A dúvida germinal derivou da semente proposta pelo criador da expressão famosa, Louis Starr, que a problematizou da seguinte maneira: "*mais do que uma ferramenta, e menos do que uma disciplina*". O simples enunciado desse mote, atraente, ainda que impreciso, foi expresso logo no instante da requalificação do uso testemunhal dado depois da Segunda Guerra Mundial, delegava à história oral, ao mesmo tempo, uma condição incerta, mas de relevância. O indefinido "em meio" a dois polos extremos ("*ferramenta*" e "*disciplina*") sugeria o debate sobre o lugar do valor do testemunhal conferido por entrevistas que ganhavam o gosto popular desafiando a validade socioexplicativa das "ciências".

Existem grupos que insistem em tratar a história oral como secularmente eram aceitas as entrevistas, sem preocupações expressivas sobre sua formulação ou inscrição em um **projeto** e seu uso posterior. Para esses, a história oral não precisa ser testada enquanto uma prática regular com critérios discutidos sobre as soluções de elaboração documental de seu uso e arquivamento. Nessas situações a história oral seria apenas um expediente que pouco diferia de outros meios de abordagem de uma temática. A consequência do uso de entrevistas nesses casos não chega sequer a preocupar os usuários, posto ser detalhe informativo, complementar, "presentificador" e até dispensável.

Ao mesmo tempo em que a opinião pública se comovia com histórias de pessoas comuns ou de notáveis, com a prática de narrações que se multiplicavam geometricamente pelos meios de divulgação, principalmente pelo rádio, outro setor exercitava-se como lócus depositário de tais registros: os arquivos. Irrompia-se então um caminho desafiador, de responsabilidades das instituições antes apenas destinadas a guardar documentos raros ou consagrados. Somavam-se, assim, fatos correlatos à opinião pública, a documentação de experiências e a dimensão exigida de entidades guardiãs desses registros. Com isso explicava-se a abertura do vanguardista *Oral History Research Office* da Universidade de Columbia, em Nova York, que cruzava duas experiências principais: os próprios projetos, gravando experimentos da elite intelectual, e a atividade arquivística, de guarda de documentos derivados de entrevistas que se abriam, gradativamente, para grupos populares ou de interesse amplo.

Na prática, inscrita na experiência de cidadãos comuns, fazia-se necessário conhecer a trajetória do *outro* e repensar as condições da moderna vida coletiva.

Sob o calibre social, apontava-se para peculiaridades que misturavam uma intenção de registro de experiências com a necessidade de divulgação de casos que talhariam novo perfil social para a sociedade norte-americana que então renovava os modos de convívio e de divulgação.

Ao mesmo tempo os intelectuais desenvolviam caminhos que também questionavam o significado existencial e nele o valor do conhecimento erudito e seus impactos na sociedade em sentido coletivo. A experiência pessoal e de grupos ganhava dimensão explicativa do papel do indivíduo no meio existencial, na medida em que colocava em xeque a exclusividade da cultura letrada que, por séculos de acúmulo, causava frustração diante das contradições expressadas por guerras, misérias, dores e impactos negativos nas realidades sentidas. Ouvir as versões de protagonistas, além do apelo catártico e popular de identificação, funcionava como uma prática diagnóstica digna de registro e de alcance na formação da opinião pública. Pode-se, pois, dizer que a popularização do uso de entrevistas foi há um tempo uma alternativa revolucionária de inclusão social e desafio acadêmico.

A marca pública dada às histórias que muitas vezes eram transmitidas por rádio fugia do domínio intelectual universitário, que, assustado a partir dessa constatação, clamaria por definições epistemológicas para acolher como seu aquele procedimento. Ao mesmo tempo, dava-se o paradoxo da afinidade testemunhal e o distanciamento na qualificação da operação. O que mecanicamente passava a ser forma de atuação popular, as entrevistas, eram vistas como recursos a serem caracterizados pelos intelectuais. A chamada cultura de massa se impunha e como realidade óbvia exigia consideração. Abriam-se, pois, abismos que polarizavam extremos: em uma ponta ocorria o apelo da inexorável vinculação do testemunho com a prática da vida e, na outra, a caracterização de uma racionalidade que buscava vínculos entre o saber acadêmico e a sociedade. Na medida em que a atenção sobre o uso exclusivo ou dominante de entrevistas se colocou como fator decisivo da organização dos critérios de instrução das versões sobre fatos, tudo mudou. Pode-se dizer que o alvo determinante das transformações se deu a partir do instante em que as pendências sobre os critérios de elaboração dos *documentos orais* se fizeram temas específicos de estudos afinados com novas potencialidades.

A força da definição dada por Starr deve ser entendida na historiografia norte-americana derivada de pressupostos do **pragmatismo**. O sentido utilitário da cultura acadêmica estadunidense sempre valorizou o presente e seu impacto na sociedade, a aplicação prática dos resultados de pesquisa e, assim, o testemunho de pessoas vivas.

8.2 – HISTÓRIA ORAL COMO "TÉCNICA"

> "Mais do que definir técnica de pesquisa,
> é necessário saber aplicá-la bem."
> Luiz Hanns

Assumindo que técnica é um conjunto de regras dispostas a conduzir os procedimentos de buscas de alguma certeza, o que se objetiva quando se vale da história oral segundo essa proposta é o uso de entrevistas como mecanismo de operação capaz de guiar a pesquisa no caminho de resultados premeditados. Pela definição de técnica como forma de aferir consequências explicativas de propostas iniciais deu-se a "cientifização" da prática dos oralistas. Irrompia-se assim a operação acadêmica do uso da história oral. Como técnica, contudo, deve-se supor que exista uma documentação paralela, escrita ou iconográfica, e que as entrevistas entrariam como mais um apêndice formalizado, maneira precisa de diálogo de fontes, recurso adicional que extrapolaria o uso indefinido ou exemplificador – ainda que destacado. Sob essa condição, as entrevistas comporiam um sentido mais resoluto entre as fontes e teriam suas aplicações determinadas claramente, portanto mais que simples "ferramenta" para comprovar o andamento de algo desejado ou pressuposto. Como técnica pressupõe análise, as implicações de seu uso devem articular o processo de captação das entrevistas e sua inscrição no processo analítico. Mas as entrevistas seriam algo a mais. O objeto central, nesse caso, seria a documentação cartorial, escrita, historiográfica, estatística ou mesmo imagética e não as entrevistas que integrariam a seriação como elemento distinto pela sua originalidade, mas não exclusivo ou gerador de diálogos previstos desde o projeto.

> As entrevistas no caso do uso da história oral como técnica seriam dependentes da documentação central e com ela deveriam manter vínculos calibrados, medidos, direcionados para o auxílio probatório de uma hipótese indicada aprioristicamente. É importante reconhecer que os pesos dados aos testemunhos orais coletados ou usados seriam, nesse caso, relativos em função da documentação central seriada de maneira a sugerir a validade das entrevistas.

O uso da história oral como técnica, no entanto, na medida em que é dado algum destaque às entrevistas, retraça seu prestígio fazendo com que mereça atenção na explicitação das fontes gerais. Como técnica, o uso das fontes orais confere sentido acadêmico à aplicação das entrevistas, que passam a ser validadas como recurso de separação da história oral produzida na universidade em oposição às soluções que se valiam do uso mais "inocentemente" ou "livre" das entrevistas. Muitas disciplinas, por não devotarem atenção aos motivos constituintes dos discursos, acabam por assumir a história oral como técnica, como forma de realçá-las sem, contudo, garantir-lhe posto diretor de condutas.

Academicamente, o diálogo promovido pelo uso de diferentes fontes quase sempre se vale da história oral como recurso complementar de afirmações conseguidas a partir de vários meios. Nesses casos o caráter dialógico das fontes orais é valorizado.

Não são poucos os que indiscriminadamente, na academia, se valem de entrevistas supondo estar fazendo história oral, e, nesses casos, o que se nota é o uso técnico das gravações, que passam a ser consideradas como fontes ou documentos orais. Como técnica, pois as entrevistas podem confundir os procedimentos da aplicação da "letra viva", textos que hipoteticamente assumem essa função mesmo não sendo história oral. Mais uma conclusão sobre o uso das entrevistas como técnica: elas não são apenas exemplos, pois ganham condição privilegiada de formulação de diálogos entre outras fontes.

8.3 – HISTÓRIA ORAL COMO "MÉTODO"

> "A história oral é vista como um método particular, mas não exclusivamente isso, pois também é considerada um meio de estabelecer relações de maior qualidade e profundidade com as pessoas entrevistadas."
> Jorge Eduardo Aceves Lozano

Muito mais do que técnica, método é um recurso que indica um procedimento organizado e rígido de investigação, capaz de garantir a obtenção de resultados válidos para propostas desenhadas desde a formulação de um projeto. Enquanto método, os procedimentos devem indicar caminhos específicos, determinantes, para a obtenção de efeitos esperados e estabelecidos aprioristicamente em função das hipóteses de trabalho. Desde Descartes, a noção de método tem implicações metafísicas e é muito mais austera e determinante da condução dos trabalhos do que a técnica. Usadas metodologicamente, as entrevistas impõem uma hierarquia na qual figuram como organizadoras dos demais andamentos dos recursos usados.

Como método, a história oral se ergue segundo alternativas que privilegiam as entrevistas como atenção essencial dos estudos. Trata-se de centralizar os testemunhos como ponto fundamental, privilegiado, básico, das análises. História oral como metodologia implica formular as entrevistas como um epicentro da pesquisa. Tudo giraria em torno delas, que atuariam como força centrífuga das preocupações. Para a história oral ser valorizada metodologicamente, os oralistas centram sua atenção, desde o estabelecimento do projeto, nos critérios de recolha das entrevistas, no seu processamento, na passagem do oral para o escrito e nos resultados analíticos. Com um *corpus* documental estabelecido em cima das entrevistas, pensa-se nas análises que demandam diálogos com outros documentos.

> Para serem garantidas enquanto método, as entrevistas precisam ser destacadas como o nervo da pesquisa e sobre elas os resultados são efetivados. Os eventuais diálogos documentais complementares devem manter os olhos nos temas emanados das entrevistas.

O caráter científico do uso metodológico das entrevistas, contudo, limita descobertas e mudanças de rumo que, em geral, são definidas desde a elaboração do projeto, no item relativo às hipóteses de trabalho. Principalmente na academia, muitos dos que praticam história oral a justificam como método ou "metodologia". Reclama-se, contudo, de melhores especificações de sua aplicação enquanto tal, pois não basta aplicar a palavra para significar sua operação. A prática da história oral como "metodologia" requer fundamentação aprimorada das soluções, que devem conter desde os passos iniciais da pesquisa – da forma de aquisição das entrevistas – até seu uso na defesa de uma tese ou solução de um "problema" por

> Alguns acham que usada metodologicamente a história oral é uma camisa de força capaz de limitar as surpresas que, afinal, decorrem do uso de "documentos vivos".

meio da exploração das hipóteses de trabalho. Por considerar a história oral metodologicamente usada como a solução mais acabada de prática científica, esta merece ser devidamente fundamentada em seus detalhes constituintes e finais.

8.4 – HISTÓRIA ORAL COMO "FORMA DE SABER"

> "Do conhecimento científico ao popular,
> o saber é sempre manifestação da inteligência."
> Christoph Wulf

Como forma de saber, a história oral é um recurso atento ao uso do conhecimento da experiência alheia, que se organiza com nítida vocação para a essência de trajetórias humanas. Muito menos preocupada com os enquadramentos técnicos, metodológicos ou científicos em geral, a aquisição de entrevistas como maneira de registrar, contar ou narrar, entender ou considerar casos se aproxima mais das estratégias ficcionais do que propriamente ao registro metódico exigido pelos demais procedimentos acadêmicos. Fala-se de aproximação e não de fusão, pois o referente em história oral não se confunde com a invenção livre. Isso faz da história oral um recurso acolhido por grupos que independentemente de precisões conceituais ou técnicas buscam fazer da história oral uma espécie de culto do que chamam equivocadamente "preservação" ou "resgate da memória". Na verdade, a expressão "preservação" ou "resgate da memória" deve ser superada pela prática da busca de compreensão de situações que têm mais a ver com a formulação de registros do que com a manutenção das reminiscências, que seriam maneiras de congelar ou "coisificar" o passado apenas sugerindo leituras nostálgicas das experiências.

> Deve ficar claro que a tipificação de trabalhos em história oral como forma de saber implica considerar, além da racionalidade e da lógica, a estética como guia. Não se fala, pois, em saber como manifestação de espontaneidades ou do conhecimento pelo conhecimento. Mas não se dispensa o prazer da captação das histórias.

Mesmo independente dos crivos da técnica ou da metodologia, enquanto forma de saber, a história oral deve supor maneiras planejadas de aquisição e uso de entrevistas sobre fenômenos, situações, fatos e experiências considerados relevantes por algum motivo. O melhor jeito de conhecer, então, requer que se distinga o saber puro ou natural, espontâneo ou instintivo do que filosoficamente se chama "prudência". Partindo-se do princípio de que conhecer é uma maneira de levar ao saber, pensa-se nos dois estágios de procedimento para transformar a história oral de conhecimento ou registro, em saber, ou seja, no relacionamento da experiência pessoal com o coletivo. No primeiro caso, muitos se comprazem em proceder ao registro ou à gravação, e no segundo há comprometimento com reflexões ou aspectos conclusivos a respeito da vivência registrada.

Pensando que saber é um ato racional, premeditado, e que também demanda procedimentos explícitos, ele pode ser definido como forma de expressão em que se fundem o desejo de registrar e a dimensão pública de histórias que merecem divulgação. Juntos, esses aspectos dimensionam uma experiência transmitida como objetivo final. "Sabedoria" como forma de conhecimento diz respeito à valorização da experiência humana, de maneira a elevar o sentido moral da vivência individual ou coletiva. Como maneira superior de reconhecimento de vivências humanas, saber tem mesmo mais sentido do que o simples registro, e as histórias ganham sentido social exatamente por isso. Talvez o que faça a história oral como conhecimento ser uma vertente tão popular seja o fascínio exercido pelos casos em geral. Todos gostam de histórias e quando elas transparecem as evidências da vida tornam-se apaixonantes. Há, contudo, o risco sempre presente de supor a nostalgia como prática louvável.

> A memória como geradora de conhecimento deve ser vista como uma usina capaz de propor relatos que sirvam menos para encantar ou anestesiar lembranças caras e mais pelo impacto social. Não se despreza, porém, a alegria e pertinência de histórias que mereçam registros. Assim, as entrevistas devem conter registros de temas capazes de sugerir reflexões atentas ao interesse público amplo. As expressões estéticas das histórias não são desprezíveis.

Em história oral, o saber estabelece uma afinidade de reconhecimento das trajetórias narradas como se elas dialogassem com o sentido do ser no mundo. Como saber, as tramas decorrem sempre de histórias "inteiras" que brigam com os fracionamentos sempre arbitrários. Esse tipo de procedimento tem acarretado à história oral paralelismos e até confusões com a Literatura. Não são poucos os que, ao se depararem com a história oral que se ancora no pressuposto do saber, reconhecem como ficção ou, segundo Bérgson, como "fabulação", ou seja, ato criador de pontos narrativos comuns que servem como catarse ou filtro agregador de experiências comuns. Logicamente, isso não tem implicações negativas. Até pelo contrário, há quem julgue a transposição de histórias pessoais confundidas com Literatura um elogio.

Um dos pontos altos do reconhecimento da história oral como saber reside na possibilidade de constituí-la como uma categoria à parte do conhecimento científico que, mediante ela, passa a ser sempre diagnóstico. Pelo fato de ser um procedimento que demanda cuidados estéticos, há correntes que advogam e prezam o conceito de "boa história" como condição para a existência e justificativa do registro. Assim, uma "boa história" se justificaria por si só, pela singularidade, diferença do coletivo.

8.5 – HISTÓRIA ORAL COMO "DISCIPLINA"

> "Para pertencer a uma disciplina, uma proposição deve inscrever-se em certo horizonte teórico."
> Michel Foucault

A consideração da história oral como disciplina acadêmica é uma tendência radical professada por tantos que levam sua prática a extremos político-cultural. Nesse caso, a academia se assumiria como espaço para o debate sobre a consagração da história oral como um campo novo, coerente com os avanços propostos pelo encontro da tecnologia eletrônica com os fundamentos acadêmicos. Reconhecendo-a como um recurso atual por comungar o uso de tecnologias modernas, de última geração, com fundamentos epistemológicos próprios de militância cultural e política, há os que propõem um estatuto independente para a história oral, que deixaria de ser adjetiva para ser sujeito de ações de transformação social.

O tema da transformação social, nessa alternativa, torna-se vital, supera os limites impostos pelos demais procedimentos, que se restringem em seus espaços conceituais. Pensar a história oral como mecanismo de mudanças sociais é mais do que vê-la como mero recurso formal de conhecimento. Ainda que muitos desprezem essa dimensão, aos que lutam pela história oral como disciplina, ela carrega a promoção das transformações em políticas públicas. Esse caráter militante exige que a história oral assumida como disciplina seja diferente da "História sem adjetivos". Sua aspiração "utópica" visaria à inclusão social e assim seria, como quer Treblich, uma *contra-história*. As entrevistas, portanto, seriam alternativas valiosas para grupos e situações não promotoras de documentos convencionais ou silenciadas por sanções como censura, interdição, ou outra maneira de silenciamento. Por lógico, esse procedimento da história oral não é apenas "contra" a História, mas também contra as demais disciplinas. Seu caráter libertário retiraria a condição de recurso auxiliar para a afirmação das "velhas" disciplinas e meras discussões de teses.

> Em termos práticos, supondo que para muitos a história oral tem se restringido à aplicação de entrevistas dialógicas, o que se nota é o uso delas enquanto "meio" e não como "fim". A redução do uso das entrevistas à condição de fonte ou documento auxiliar rebaixa a potencialidade dos textos resultantes de gravações de maneira a neutralizá-los como se fosse um aposto aos outros suportes documentais.

O uso de entrevistas, contudo, aponta para exames de sua apropriação historiográfica em diferentes momentos, que esbarra em bloqueios que as submetem fatalmente à condição de suporte. Vendo de maneira diversa de seus demais usos – ferramenta, técnica, metodologia ou saber –, principalmente no meio acadêmico se justificam indagações que permitem questionar se não há alternativa nova para o enquadramento da história oral. Tal inquietação, gradativamente, vem conquistando setores de vanguarda da história oral que não se acomodam em vê-la apenas como solução para campos disciplinares.

O que se coloca em questão nessa possibilidade é a oposição entre o simplismo com que têm sido tratadas as entrevistas e suas potencialidades analíticas, consideradas como a soma de procedimentos de pesquisa. É calcada na combinação de um desconforto causado pela inadequação às demais formas de uso do oral em face dos prometedores recursos derivados dos contatos com os "documentos vivos" que se exploram novidades dos usos dessa prática. E aí se levantam perguntas que vão desde as formas de aquisição de entrevistas e registros até seus fins. Seria a aplicação das máquinas – gravadores, filmadoras, computadores, internet – elementos capazes de explicar alguma mudança? Ou, pelo contrário, o aparato eletrônico nada representa, além de uma adequação modernizadora das mesmas práticas que, contudo, teriam implicações políticas diferentes em cada momento, chegando agora a um ponto crítico que admite questionar sua independência? E também se indaga do porquê da expressão "história oral", em que poderia ser empregada simplesmente a palavra "entrevista" ou "depoimento"?

Aliada à problemática do conhecimento na contemporaneidade, algumas questões exigem respostas capazes de promover a dinâmica de uma discussão que deve ser continuada, ampla e democrática posto conter a possibilidade de crítica aos conhecimentos formalizados em moldes antigos e seus efeitos em face das funções sociais da cultura contemporânea.

Ainda na senda dos questionamentos, vale supor que o enorme espaço aberto às teorizações mais tem a ver com falta de objetivos novos propostos hoje para essa matéria do que com as respostas capazes de perturbar a rotina do enquadramento das entrevistas na tradição das "velhas" disciplinas. O que se nota é que, quanto mais popular a história oral se torna, mais banalizadas ou descartáveis ficam as discussões teóricas, que acabam se perdendo por falta de alvos analíticos objetivos, valentes e bem formulados. A grande responsável por tal situação, certamente, é a ausência de coragem para se colocar o problema crucial da história oral moderna. Seria suficiente pensar a história oral como matéria subsidiária? A História em sentido amplo

> Porque se acredita que um dos sucessos da larga aceitação da história oral se dá exatamente na quebra de sentido prático e utilitário das ciências humanas em geral, pretendem-se apurar seus novos alcances, sociais e políticos.

seria o cenário obrigatório, único ou fragmentado, da história oral? Ou bem além disso, a história oral poderia se valer das demais disciplinas para validar seus objetivos, que, obrigatoriamente, têm o endereço do interesse público?

Um dos argumentos centrais para quem postula a independência disciplinar da história oral diz respeito à função social e prática dessa experiência intelectual que teria uma dimensão pública importante. Fala-se do conhecimento como militância, como ação de fomento às ações políticas decorrentes da determinação de certos problemas sociais. Os defensores da estatura nova, disciplinar, da história oral consideram de fundamental importância o fato de tratar de casos pouco considerados pela oficialidade das demais disciplinas.

Sendo verdade que de maneira indireta as demais disciplinas poderiam também cuidar desses pressupostos, advoga-se que, de forma objetiva e fundamental, a história oral seria o lócus ideal para esse fórum e atuação.

> Em tempos de "políticas afirmativas" e de inclusão social, por certo, a história oral independente teria um papel importante como formuladora de postulados ágeis para gerar argumentos que instruem políticas públicas capazes de mudar o *status quo* histórico.

Portanto, a história oral se configuraria como um território discursivo e político que daria sentido aos debates, reivindicações, e práticas atinentes à transformação social. Porém, não seria um recurso qualquer, pois as considerações mnemônicas e a constituição de elos identitários poderiam realçar a reclamada "consciência de classe" de que fala E. P. Thompson.

Os projetos de ação afirmativa seriam os grandes beneficiários da proposta de encaminhamento disciplinar para a história oral. Carentes de fundamentação no exercício da vida, quase sempre, o que preside os esforços de informação das atitudes políticas que alimentam os projetos sociais de reivindicação social são pesquisas imediatas, por vezes superficiais e feitas ao arrepio do acaso. O que se propõe com a modificação do estatuto da história oral é que ela se torne um lócus permanente, equilibrado e bem constituído para a formulação de propostas que se assentam no presente como resposta de um passado que não levou em conta a inclusão social de grupos e *pour cause* os fundamentos da democracia. Sem cair no simplismo de identificar nas disciplinas tradicionais e na prática intelectual uma alienação, pretende-se rever a discussão traçando para a história oral o objetivo primordial de ser formuladora de argumentos políticos.

Curiosamente, alguns autores, alheios aos freios disciplinares, às vezes mesmo desprezando as bitolas que seguram fronteiras bem demarcadas, acabam por demonstrar o sentido da versão proposta de uma história oral politicamente atuante. Assim situam-se os trabalhos pioneiros de Jonathan Grossman na África do Sul, Mats Greff na Suécia, Yara Bandeira de Ataíde, Andréa Paula dos Santos e Suzana Lopes Salgado Ribeiro, entre outros brasileiros.

Uma leitura cuidadosa dos fundamentos da história oral, pois deixa entrever que desde o início é a preocupação da história oral com o compromisso social marcado pela "*voz dos excluídos*", revelação de aspectos desconhecidos, ocultos e desviados, não expressos nos documentos oficiais e escritos e, sobretudo, a denúncia do sofrimento extremo de grupos maltratados por situações variadas. Todos os itens indicados não ocultam a intenção de gerar atitudes políticas instruídas através da experiência das pessoas que viveram processos repressivos ou de exclusão social. Em face dessa constatação, é de se perguntar dos fundamentos da História em se apropriar com exclusivismo autoritário do processo geral da oralidade.

Alguns importantes autores já se manifestaram, até de maneira exageradamente eloquente, contra a pretensão de soerguimento da história oral à condição de disciplina. Josep Fontana estabeleceu, aliás, que isso é "uma aberração que chega ao extremo quando pretende converter em disciplinas independentes o que é simples técnica de trabalho", e continua adjetivando a história oral de "ferramenta que só tem sentido quando se coloca a serviço de uma interpretação histórica global". Como se percebe, mesmo historiadores progressistas, diante da história oral, mantêm posturas conservadoras, corroborando para que a matéria seja mesmo um mero pretexto para o uso como ferramenta, técnica ou metodologia em geral.

> A definição da história oral como disciplina, sem dúvidas, implicaria a radicalização da matéria como atributo do reconhecimento do papel que a cultura pós-moderna impõe como desafio. Ademais, o entrosamento da eletrônica como fórmula facilitadora de produção e divulgação do conhecimento seria a celebração da dinâmica acadêmica.

A – TEXTOS PARA DIÁLOGOS

a – Outros conceitos e definições
b – Tipos de história oral
c – Balanços e paralelos

a – OUTROS CONCEITOS E DEFINIÇÕES

"A história oral é um procedimento metodológico que busca, pela construção de fontes e documentos, registrar, através de narrativas induzidas e estimuladas, testemunhos, versões e interpretações sobre a História em suas múltiplas dimensões: factuais, temporais, espaciais, conflituosas, consensuais. *Não é, portanto, um compartimento da história vivida, mas, sim, o registro de depoimentos sobre essa história vivida.*" (grifo da autora)
(Lucilia de Almeida Neves Delgado, em *História oral: memória, tempo, identidades*, Belo Horizonte, s/n, 2006, pp. 15–6)

"A história oral pode ser concebida como 'uma corrente disciplinar' cujo campo de influência e ação não se restringe a um só país ou a um continente, já que atualmente é uma prática de investigação internacional que construiu as próprias redes e campos de inter-relação. Mesmo assim, não se identifica com uma disciplina particular; vale dizer com a História, já que dela participam diversidades de estilos e procedências profissionais; a interdisciplinaridade é um de seus elementos característicos."
(Jorge Eduardo Aceves Lozano, "La história oral contemporánea uma mirada plural", em *Historia oral: ensayos ya aportes de investigación*, México, Ciesas, 2000, p. 10)

"A história oral foi criada em 1948 como uma técnica moderna de documentação histórica, quando Allan Nevins, historiador da Universidade de Colúmbia, começou a gravar as memórias de personalidades importantes da história norte-americana."
("Oral History Association – EUA", citado por Paul Thompson, em *A voz do passado: história oral*, Rio de Janeiro, Paz e Terra, 1992, p. 89.)

"Entendemos a História Oral como abordagem metodológica em que há um envolvimento do pesquisador com o objeto de estudo, procurando desvendá-lo a partir dos relatos orais dos sujeitos envolvidos, em complementaridade com o uso de outras fontes escritas, iconográficas, materiais etc."
(Zeila B. F. Demartini; Alice Beatriz S. G. Lang; M. Christina S. S. Campos, *História oral e pesquisa sociológica: a experiência do* CERU, São Paulo, Humanitas/FFLCH-USP, 1998.)

"Ao estabelecer uma nova relação entre pesquisadores e os sujeitos, a história oral pressupõe a realização de relações simétricas e de colaboração entre eles, favorecendo um depoimento mais espontâneo e interativo, construído dentro de uma relação empática que estimula a reflexão, a afetividade e a memória."
(Yara Dulce Bandeira de Ataíde, "História oral e construção da história de vida" em *Tempos, narrativas e ficções*, Salvador, EDUNEB, 2006, p. 313.)

"Mais do que uma ferramenta, e menos que uma disciplina."
(Louiss Starr, citado por Trebitsch em Marieta M. Ferreira, *História oral e multidisciplinaridade*, Rio de Janeiro, CPDOC, 1994, p. 19.)

"Por história oral se entende o trabalho de pesquisa que utiliza fontes orais em diferentes modalidades, independentemente da área de conhecimento na qual essa metodologia é utilizada."
(Estatuto da Associação Brasileira de História Oral, fundada em 1994, Art.1º, par. 1º; em *Revista de História Oral*, n.1, 1998, p. 14.)

"Dizer que a história oral se ocupa sobretudo da subjetividade é uma obviedade. Ocupa-se também das recordações, da assimilação pessoal das experiências vividas, do comportamento individual e das explicações na história da responsabilidade pessoal nos processos históricos e de sua interpretação, e também das construções biográficas e das biografias."
(Alexander Von Plat, "Crimenes de guerra y silêncios: la história oral en la historiografia Alemanha" em *Historia Antropologia y Fuentes Orales*, n. 20, ano 1988, p. 7.)

"A história oral [...] seria inovadora por suas abordagens, que dão preferência a uma 'história vista de baixo' (*Geschichte von unten, Genschichte von innen*), atenta mais às maneiras de ver e de sentir, e que às estruturas 'objetivas' e às determinações coletivas prefere as visões subjetivas e os percursos individuais, numa perspectiva decididamente 'micro-histórica'."

(Etienne François, "A fecundidade da história oral" em Marieta M. Ferreira; Janaina Amado (orgs.), *Usos e abusos da história oral*, Rio de Janeiro. Fundação Getúlio Vargas, 1996, p. 4.)

"A história oral é uma história construída em torno de pessoas. Ela lança a vida para dentro da própria história e isso alarga seu campo de ação. Admite heróis vindos não só dentre os líderes, mas dentre a maioria desconhecida do povo. Estimula a professores e alunos a se tornarem companheiros de trabalho. Leva a história para dentro da comunidade e extrai a história de dentro da comunidade. Ela ajuda os menos favorecidos, especialmente os idosos, a conquistarem dignidade e autoconfiança. Propicia o contato – e a compreensão – entre classes sociais e entre gerações. E para cada um dos historiadores e outros que partilhem das mesmas intenções, ela pode dar um sentimento de pertencer a determinado lugar e a determinada época. Em suma, contribui para formar seres humanos mais completos. Paralelamente, a história oral propõe um desafio aos mitos consagrados da história, ao juízo autoritário inerente à sua tradição. E oferece os meios para uma transformação radical no sentido social da história."

(Paul Thompson, *A voz do passado: história oral*, Rio de Janeiro, Paz e Terra, 1992, p. 44)

"História oral tem como principal finalidade criar fontes históricas."

(Sônia Maria de Freitas, *História oral: possibilidades e procedimentos*, São Paulo, Humanitas, 2002, p. 19.)

"Posto simplesmente, história oral coleta memórias contadas e comentários pessoais de significado histórico feito por meio de entrevistas."

(Donald A Ritche, *Doing oral history*, New York, Twayne Publishers, 1994, p. 1.)

"A metodologia de história oral é bastante adequada para o estudo da história de memórias, isto é, de representações do passado."

(Verena Alberti, *Ouvir contar: textos em história oral*, Rio de Janeiro, Fundação Getúlio Vargas, 2004, p. 27.)

"O trabalho com a história oral consiste na gravação de entrevistas de caráter histórico e documental com atores e/ou testemunhas de acontecimentos, conjunturas, movimentos, instituições e modos de vida da história contemporânea."
(Verena Alberti, *Ouvir contar: textos em história oral*, Rio de Janeiro, Fundação Getúlio Vargas, 2004, p. 77.)

"A história oral que tem se desenrolado nas últimas duas décadas deste século (xx), tem nos oferecido orientação e proporcionado meios para obter um conjunto de propósitos, como buscar um melhor conhecimento da história e sociedade contemporânea e poder contribuir para a modificação de uma prática científica frequentemente desligada de seu entorno e dos sujeitos sociais com que interage."
(Jorge Eduardo Aceves Lozano, *Historia oral: ensayos y aportes de investigación*, México, Ciesas, 1996, p. 9.)

"Há, segundo me parece, um consenso em que a história oral é um trabalho de pesquisa, que tem por base um projeto e que se baseia em fontes orais, coletadas em situação de entrevista."
(Alice Beatriz da Silva Gordo Lang, "História oral: muitas dúvidas, poucas certezas e uma proposta" em José Carlos Sebe Bom Meihy (org.), *(Re)Introduzindo história oral no Brasil*, São Paulo, Xamã, 1996, p. 34.)

"Diria que é antes um espaço de contato e influências interdisciplinares; sociais, em escalas e níveis locais e regionais; com ênfase nos fenômenos e eventos que permitam, através da oralidade, oferecer interpretações qualitativas de processos histórico-sociais. Para isso, conta com métodos e técnicas precisas, em que a constituição de fontes e arquivos orais desempenha um papel importante. Dessa forma, a história oral, ao se interessar pela oralidade, procura destacar e centrar sua análise na *visão* e *versão* que emanam do interior e do mais profundo da experiência dos atores sociais."
(Jorge Eduardo Aceves Lozano, "Prática e estilos de pesquisa na história oral contemporânea" em Marieta M. Ferreira; Janaina Amado (orgs.), *Usos e abusos da história oral*, Rio de Janeiro, Fundação Getúlio Vargas, 1996, p. 16.)

"Não voltemos à expressão 'história oral'. Ela se tornou inadequada e só deveria ser empregada a título histórico, para qualificar o período historiográfico dos anos 1950 aos 1980. [...] Portanto, se a história oral é entendida como um método, ela deve

incluir-se na história do tempo presente, e se ela serve para designar a parte pelo todo, a expressão deve ser abandonada em prol da história feita com testemunhas."
(Daniele Voldman, "Definições e usos" em Marieta M. Ferreira; Janaina Amado (orgs.), *Usos e abusos da história oral*, Rio de Janeiro, Fundação Getúlio Vargas, 1996, p. 34.)

b – TIPOS DE HISTÓRIA ORAL

A primeira definição teórica requerida referiu-se à opção, mas também à definição entre uma história oral temática ou pelo trabalho com histórias de vida. No entanto, há conveniência de cada uma para o meu trabalho. Fazer a opção por história oral temática contemplaria o que estava propondo inicialmente em meu projeto, isto é, utilizar as entrevistas como fontes voltadas para a descrição das atividades femininas nas escolas de samba paulistanas, bem como as demais atividades exercidas pelas mulheres. Seria um caminho coerente, pois pensava combinar esses dados com documentos de outra natureza.

A história oral de vida, no entanto, colocou-se como uma possibilidade de superar a mera aquisição de dados em favor da possibilidade de uma visão mais subjetiva das experiências dos depoentes. No caso da minha pesquisa, a utilização dessa metodologia contribuiu para ampliar o alcance dos objetivos iniciais de registrar as vozes femininas através da constituição de documentos... (52/53)

A opção pela história oral de vidas encaminhou-me para o passo seguinte que foi delimitar o seu uso na pesquisa. O trabalho conduziu-me a reflexões sobre os limites entre as experiências individuais e coletivas, o que se revestiu em um dos meus principais desafios teóricos. Embora não houvesse planejado trabalhar com um grupo de pessoas previamente definido, não foi difícil constatar após as primeiras entrevistas a existência de uma comunidade na experiência vivida: a etnia, as origens das famílias, a condição feminina, o trabalho doméstico, a rede de amizades, o parentesco, o compadrio etc. circunscreviam os limites de uma coletividade.

A opção pela história oral de vida encaminhou-me para o registro de relato integral e singular, organizado de acordo com o narrador, no qual emergem fatos relativos à colônia e à rede das quais fazem parte, mas também situações pessoais. O reconhecimento de pontos comuns que perpassam todas as experiências não garante que as percepções dos mesmos sejam idênticas. Para Walter Benjamin, o narrador mantém em si aspectos que, embora desvalorizados nas sociedades capitalistas e industriais, são fundamentais para a troca de experiências. Ele utiliza a sua capacidade de narrar e lembrar, capacidade ilimitada, que pode se "materializar" através da fala, diferencialmente a cada momento. Quando Benjamin situa a narrativa enquanto processo de troca de experiência, recoloca uma nova postura para os pesquisadores em história oral. (54/55)

(Fragmento da dissertação de mestrado de Eloiza Maria Neves Silva, *Histórias de vidas de mulheres negras: estudo elaborado a partir das escolas de samba paulistanas*, apresentada no Programa de Pós-Graduação em História Social da USP, 2002, pp. 52-5.)

c – BALANÇOS E PARALELOS

Durante a gestação dessa moderna história oral alguns balanços importantes foram feitos. Dentre eles escolhemos três com critérios distintos e que percebem a história oral de maneira diferente, embora em alguns momentos sejam complementares, dando um panorama da diversidade encontrada no "fazer" história oral no Brasil.

Em 'História Oral: muitas dúvidas, poucas certezas e uma proposta' (1996) a professora Alice Beatriz da Silva Gordo Lang, discute basicamente a diferença entre o trabalho com fontes orais e história oral, através de uma proposta de conceituação e a apresentação de uso das entrevistas a partir da sociologia. Nesse texto fica claro que o simples uso da entrevista não configura história oral e que o projeto de pesquisa onde se deve especificar o uso de entrevista é fundamental, bem como os objetivos da pesquisa, que não devem ser pautados "no interesse em comprovar fatos, em acrescentar informações à documentação existente, nem mesmo atestar a veracidade dos relatos, mas conhecer sua vivência e sua versão" (Lang, 1996: 38). A ideia de que a história oral pressupõe um projeto e que o uso da entrevista vai além do registro documental é ponto pacífico entre os pesquisadores que pensam a história oral como um conhecimento que vai além da técnica de captação de entrevistas.

Na apresentação do livro 'Usos e abusos da história oral' (1996), as organizadoras: Marieta de Moraes Ferreira e Janaína Amado, apresentam uma importante discussão sobre o *status* da história oral, identificando e caracterizando três linhas de atuação em história oral: uma que vê a história oral como uma técnica, pois estaria mais ligada ao trabalho com fontes orais e preocupada apenas com o registro através de entrevistas; uma segunda, que pensa a história oral como uma disciplina autônoma, pois considera que o fato do núcleo da investigação gerar uma série de preocupações, como por exemplo, as relações entre escrita e oralidade, que traz para a cena as trajetórias individuais, reformula a relação sujeito/objeto, elege o presente como perspectiva temporal das narrativas, tem um apelo público que ultrapassa os muros da academia que exige toda uma discussão sobre quem é quem na história oral. Nesse caso, a valorização da narrativa pede, também, caminhos alternativos de interpretação. E uma terceira linha, que defende a história oral como uma metodologia que pode estabelecer e ordenar procedimentos de trabalho, formular as perguntas e suscitar questões, mas não pode resolvê-las – isso cabe ao campo teórico das disciplinas canônicas.

Outro importante balanço é o realizado por André Gattaz, no artigo "Meio século de história oral" (1998). Nesse artigo Gattaz apresenta as várias maneiras de se fazer história oral classificadas em seis "tendências" ou "escolas" que ele chamou de história das elites; história oral historicista, história dos vencidos; gente ordinária, história oral metalinguística e outras tendências. Essa classificação não segue os critérios historiográficos, nem cronológicos, nem geográficos. Mas baseia-se no tipo de assunto/tema/objeto a ser estudado, variando enormemente os usos da história oral e seu *status*. Para Gattaz, na história das elites estão os grupos com vocação ao registro de experiência de pessoas "significantes" da sociedade, da política, entrevistando homens representativos de uma época e um setor social. Na tendência historicista estão aqueles que acreditam que através das fontes orais pode-se "recuperar" fatos históricos do passado de um bairro, de uma cidade, de uma instituição, de um personagem, de um processo histórico.

Os grupos que veem na história oral a possibilidade de "resgatar" a história dos movimentos sociais ou políticos, que foram silenciados, que não possuem registro escrito, ou que tiveram suas histórias distorcidas pela visão da elite, foram alocados na tendência história dos vencidos. Paralelo aos historiadores dos vencidos, estão aqueles que se voltaram à gente comum, aos marginalizados e que militam uma história oral política que pretende transpor os muros acadêmicos e chegar às "lamas da favela e ao contato com o lumpesinato" (1998: 34), fazendo a história oral da gente ordinária. Na tendência história oral metalinguística encontram-se os pesquisadores que estão mais preocupados com o depoimento oral em si, do que com a informação neles contidos. Para esse grupo, importa a forma, a maneira como foi dita e contada a história, e consideram a narrativa como uma construção da memória. Em "outras tendências" o autor colocou aqueles grupos preocupados com a criação e manutenção dos arquivos orais e a vertente biográfica que busca através dos testemunhos a vida de um personagem, geralmente público, mas não necessariamente vinculado às elites.

(Fragmento da tese de doutorado de Fabíola Holanda, *Experiência e Memória: A palavra contada e a palavra cantada de um nordestino na Amazônia*, tese apresentada ao programa de Pós-Graduação em História Social da USP, 2006.)

PARTE II – COMO PENSAR

Existe História na história oral?
Escrito é oposição ao oral?
Entrevista é história oral?
A história oral brasileira é diferente?
Qual o papel dos bancos de histórias em história oral?
É preciso analisar as histórias?

Depois de apresentar o fazer história oral, discutir sobre seu estatuto e suas possíveis definições, cabe retraçar um breve itinerário sobre o percurso da moderna história oral. Com a preocupação central de perceber a adequação da história oral no Brasil, buscou-se valorizar a relevância do contexto democrático como condição para o estabelecimento da história oral, pois afinal pergunta-se: podemos falar de uma história oral latino-americana ou brasileira, asiática ou africana? Ou a matriz norte-americana e europeia são hegemônicas?

A passagem do oral para o escrito e o caráter documental da história oral são discutidos como meio de integração entre os colaboradores individualmente e o projeto como um todo. Assim, serão apresentados os fundamentos e as teorias que antecedem e norteiam a construção de um projeto de história oral.

A primeira questão que se impõe diz respeito ao "produto" da história oral, ou seja, o que é considerado como documento em história oral; outra diz respeito às possibilidades de se fazer história oral segundo alguns critérios operacionais. A discussão sobre a representatividade dos colaboradores é enfatizada como forma de valorização dos participantes do projeto. De igual maneira se discute o "alcance histórico" das entrevistas de história oral.

Informações sobre o acompanhamento e controle do projeto de pesquisa em história oral, carta de cessão e caderno de campo finalizam esta seção.

UNIDADE V – UMA HISTÓRIA PARA A HISTÓRIA ORAL

9 – Trajetórias do oral e do escrito
10 – Entrevistas como ato de fundação da história oral
11 – História, escrita, subversão e poder
12 – A moderna história oral
13 – A gestação da moderna história oral
14 – História oral como divisão de saber
15 – A história oral no Brasil

9 – TRAJETÓRIAS DO ORAL E DO ESCRITO

> "Meu interesse por história oral advém de uma esquizofrenia acadêmica que tardou muito a ser transcendida."
> Michael Frisch

Parte-se de três pontos complementares:
1– história oral não é meramente entrevistas;
2– entrevistas não significam fenômeno novo, mas é procedimento renovado na medida de sua inscrição moderna; e
3– o que define entrevistas como história oral é a exigência de um projeto atento a estabelecer o uso do oral vertido para o escrito em textos que servirão para registro, arquivamento e/ou uso analítico.

A junção desses três pressupostos exige ponderação sobre a trajetória da matéria e do que se entende por *moderna* história oral. Isso faz com que seja relevante a consideração de seus pressupostos originais. Dona de um passado remoto, a prática da entrevista considerada história oral, como é usada hoje, tem uma anterioridade que pode ser reconhecida como *pré-história da moderna história oral*. A historicidade do processo garante força explicativa às transformações, que, contudo, para muitos nem sequer são registradas. Assim como para a História a escrita marca a fase de transição, da pré-história, no caso da história oral são os aparelhos eletrônicos que servem para definir os novos tempos, ou seja, da chamada moderna história oral.

10 – ENTREVISTAS COMO ATO DE FUNDAÇÃO DA HISTÓRIA ORAL

> "Muito mais que encontro, entrevista é interação."
> Charon J. M.

É afirmação corrente que a história oral é tão antiga como a própria História, mas isso é vago. Fala-se mesmo que toda História antes de ser escrita passou por etapas narrativas ou outras manifestações da oralidade aferidas há séculos. O pilar dessa afirmação é a certeza de que tanto a *Bíblia* como outros livros sagrados, bem como as mitologias fundamentais da cultura ocidental e mesmo os poemas seminais da aventura humana – como a *Ilíada* e *Odisseia* – têm origem na oralidade. A lenta metamorfose da História não nega os registros de tradições narrativas que precedem a escrita e a sistematização de seu código como solução hegemônica. De toda maneira, é a escrita que marcou a ruptura entre fases históricas.

As primeiras investidas de registros de relatos pessoais foram propostas na China há mais de três mil anos, quando os escribas da dinastia Zhou (690 a 750 e.c.), também chamada Chou, Chow, Jou ou mesmo Cheu, propuseram registros escritos de narrativas populares. Como se consideravam eleitos pelos céus, seus líderes teriam poderes divinos, mas precisariam conhecer o povo que governavam para fazê-lo bem. Isso habilitava a administração pública a coletar histórias do povo, e tais narrativas foram vertidas do oral para o escrito, servindo de uso tanto para o governo como para historiadores de tempos seguintes que se valeram desses textos como documentos. A dinastia dos Zhou, segundo a tradição, possuía uma série de sistemas e regimes sobre propriedade de terras, leis religiosas e jurídicas e até cânones musicais regulados, e isso implicou transformações que necessitavam de controle. Nesse sentido, o conhecimento de experiências da população fez com que fossem registradas trajetórias individuais e de grupos que conviviam sob mesma orientação política. Na grande maioria das investidas, as tais tradições foram passadas oralmente e depois de compiladas se constituíram em patrimônio fundador de várias formas historicamente chamadas de epopeias. Dava-se a impressão de que o conjunto de histórias somado serviria para explicar uma coletividade que teria nos comportamentos afinados um destino comum. Delineava-se assim a perspectiva mais tarde reinante de que as totalidades explicariam as partes e as histórias coletadas serviam de suporte para o entendimento do grupo e para seu governo. Por meio dessas histórias, avaliava-se a moral comum e sobre ela eram estabelecidas as regras de convívio.

No mundo budista, islâmico, judaico-cristão ou mesmo nas experiências decorrentes dos contatos com nativos, na África ou na América, na Oceania ou regiões asiáticas, foram narrativas orais que instruíram visões dos que chegavam e ouviam relatos depois vertidos para a escrita. A prática do registro de histórias servia tanto como forma de conhecimento, normatização dos comportamentos coletivos ou estratégia de dominação, na medida em que revelava tanto o alcance dos limites pessoais e de grupos além de estabelecer parâmetros políticos de convívio.

> O significado do prestígio dominante da palavra escrita sobre a oral, portanto, sempre se fez como forma de se exercer poder e, desde o princípio, impôs um dilema entre os dois códigos.

O ouvir e o registrar se aliaram como maneira política de documentar, e quem guardava os relatos detinha o poder. Já nos registros das sociedades antigas, começando pelos egípcios, a palavra escrita era valorizada em detrimento da oral, que se tornava recurso vulgar e território da comunicação comum, informal, e da transmissão dos conhecimentos rotineiros e da memória. Alguns cidadãos eram prezados socialmente pela capacidade de deter os "segredos" dos códigos escritos e isso delegava a eles uma condição solene e respeitosa. A escrita, aliás, ganhava foros e condição sagrada, na medida em que bancavam instâncias de poder. A transmissão de conhecimentos e informações de geração a geração forçava o desenvolvimento da memória e das práticas de narrações que davam sentidos a um tipo de prática de contar.

A longa viagem da história dos povos ágrafos, bem como a sutil, mas constante inversão dos valores da oralidade pela escrita, teve na Idade Média outro momento de corte.

> Ainda que na Antiguidade Platão houvesse pontificado que "o triunfo da escrita" significava "a morte da memória", foi a grafia que venceu e determinou, gradativamente, um rebaixamento do prestígio e do significado da palavra falada. Com a escrita formulava-se uma distinção entre a memória como atributo da transmissão oral e de outra concepção de memória, dessa feita triada pela presença da escrita.

A hegemonia do saber escrito pelos chamados escribas ou copistas e sua reclusão em ambientes distantes do acesso público decretaram uma espécie de polarização dos dois códigos. Resultado disso, a depreciação do prestígio da oralidade em detrimento da escrita, que ganhava estatuto de poder. É sob essa égide que surgiam as primeiras universidades, templos do saber codificado. O letramento foi se instalando nas sociedades de maneira a determinar formas privilegiadas de ver a cultura.

Segundo Walter. J. Ong, a oralidade tem que ser entendida em suas variações de captação no espaço e no tempo. Também é importante notar as relações dos dois códigos, ou seja, o que do oral é vertido para o escrito – como e porque – e vice-versa. Também é relevante notar a dinâmica do processo, ou seja, se algo se inicia oralmente, passa para o escrito e depois é difundido novamente de forma oral para, eventualmente, ser outra vez vertido para o escrito. Lendas, mitos, casos folclóricos são, em geral, passíveis de situações que se submetem a variações de estudos que se iniciam em recolhas orais, depois passam para o escrito e muitas vezes voltam para outros públicos de maneira oral. As chamadas "tradições orais", quando perdem a condição exclusiva de repetição verbal, em particular quando se submetem a estudos, se sujeitam às diferentes maneiras de formalização. Desde que o oral passa para o escrito, abala a dinâmica germinal e se volta para o verbal não se livra mais dessa interferência.

> Há uma oralidade primária ou primitiva e outra secundária ou derivada. Desde que tenha sido mudado o registro do oral para o escrito, mesmo em casos de retornos, a "pureza" oral não tem mais o mesmo sentido.

No primeiro caso, em face da oralidade *primária ou primitiva*, no remoto passado ou em espaços onde a escrita não exerce influências ou que elas sejam mínimas, o aprendizado é transmitido por ensinamentos que passam de geração a geração; no caso da oralidade *secundária ou derivada*, o que se tem é a dependência absoluta dos aparelhos mediados por outras formas de comunicação como a televisão, a música gravada e outros componentes mediados pelos eletrônicos do mundo moderno. Discípulo de McLuhan, Ong estudou a oralidade como meio de comunicação e seu impacto na sociedade moderna, em particular no Ocidente. Separando muito claramente a oralidade em *"culturas não afetadas pela escrita"*, mostrou que a oralidade secundária é sempre e fatalmente complementar à escrita moderna. Isso tem a ver com o funcionamento da memória, que no caso da oralidade primária tinha/tem papel preponderante que, no segundo caso, é relativo. De tal forma está enraizado o processo de letramento nas sociedades contemporâneas que isso explica a dificuldade que muitos têm em aceitar a oralidade como manifestação respeitável, crível, e capaz de carregar lógicas diversas da escrita.

Philippe Joutard é um dos autores que reconhecem na prática de busca das origens da matéria história oral, fatalmente, uma gênese prestigiosa. Ainda que ele duvide da validade disso, reconhece na Grécia o esforço de entendimento dos desvios entre o oral e o escrito e a submissão daquele por este. Numa época em que a história oral não era bem aceita pela comunidade intelectual de vários países ou culturas, autores que defendiam sua validade retraçaram o trajeto da oralidade, para ressignificá-la, remontando uma genealogia firmada no pressuposto de que os primeiros historiadores – como Heródoto, o "pai da história" – estabeleceram a participação pessoal, o testemunho, como a base para descrever a "verdade" ou a "realidade" do que se via. O testemunho passava a ser critério. Desdobramento do "eu vi, ouvi, estava lá", o relato oral deveria recobrar nova autoridade ao ser escrito. Eternizava-se. Instituíam-se, assim, os estados da narrativa: ver/ouvir/atestar; depois: organizar a fala e tratar de escrever para a posteridade.

> Aristóteles contrapôs o "historiador" ao poeta, afirmando que estes poderiam pensar o mundo "como tudo poderia acontecer, segundo a verossimilhança e a necessidade".

Aos "historiadores", portanto, caberia supor interpretar o passado como ele "*realmente aconteceu*". Estava então, desde a proposta aristotélica, semeada a diferença entre arte e ciência histórica. E exatamente nessa diferenciação, na busca da verdade é que se fundamenta a razão da História. No fluir dos tempos, essa questão da objetividade fundamentou a valorização do escrito como lugar privilegiado da verdade. Os recursos da oralidade passaram então, no geral, ao reino do subjetivo.

Em sua raiz, a palavra "História", na Grécia, significava aquele que viu, estava presente no ato e testemunhou fatos e eventos dignos dos registros feitos. Os "fatos notáveis" tornaram-se então alvo dos registradores. O personagem que atestava acontecimentos e os registrava virava então narrador ou "historiador". Da prática narrativa grega ao conceito que lhe garantiu o estatuto disciplinar, de História, de área do conhecimento que organiza sistematicamente, o conhecimento do passado, ficou comprometido o valor da transmissão oral espontânea ou primitiva. Garantia-se também poder a quem era o registrador. Pode-se, contudo, dizer que, respeitadas as mudanças, o "método" de Heródoto foi base, longínqua, é verdade, para um ramo de história oral mais tarde conhecida por "história testemunhal". É importante assinalar que Heródoto abriu um campo inspirador para a classificação das entrevistas, na medida em que propunha análise das procedências de suas fontes: pessoas do povo, soldados, administradores, agentes palacianos. Assim, o método de Heródoto pode ser considerado matriz do que se considera *história oral constatativa*. Entendendo por constatativa a tendência presente em história oral temática, que busca mais informação do que percepção, nota-se aí a semente das buscas quase sempre encerradas em propostas sociologizantes que se valem de entrevistas. Por valer-se apenas de entrevistas e observação, o caso herodiano geraria o que se conhece como *história oral pura*.

Tucídides preferia não confiar na memória, que considerava sempre "falível" porque, em muitos casos, seria dependente de simpatias dos participantes, do estado de saúde ou ânimo de cada um, ou mesmo dos compromissos dos observadores, sendo, portanto, comprometida porque "partidária" e "tendenciosa". O "método" tucidiano, por sua vez, consistia em fazer exames que combinavam testemunhos com outras fontes prévias. Esse critério – que não descartava entrevistas, pelo contrário, as valorizava de outra forma – pode ser considerado inspirador de outro ramo da história oral, conhecido por *história oral híbrida*. Tucídides acreditava que seria sempre necessário aprofundar as investigações e ouvir mais sobre cada versão, pois *"diferentes testemunhos dão conta de diversas experiências"* e a História seria feita pela soma dessas versões derivadas de várias fontes. Abria-se assim a complexidade abrigada pela oralidade que, em si, contém verdades que merecem consideração independentemente dos fatos a que se remetem.

> Tucídides, na Antiguidade clássica, duvidava do "método" de Heródoto, achando impossível definir a "verdade" ou a "realidade" simplesmente pela observação e pelos testemunhos colhidos diretamente.

O sentido testemunhal da história procedida pelos antigos equiparava o contato pessoal à observação direta, com a seleção de fatos feita pelo historiador. Na medida em que o distanciamento dos acontecimentos imediatos, e, mais do que isso, a evocação de situações passadas se impunha, resultava a necessidade da credibilidade documental. O Império Romano, dado à vastidão territorial e à complexidade das culturas dominadas, exigiu uma burocratização administrativa que implicava, para o melhor controle e domínio, conhecimentos históricos baseados em registros escritos. A História feita então não poderia ser mais apenas testemunhal, oralizada ou independente de arquivos ou guarda documental. A escrita despontava assim como aliada da expansão e do colonialismo. Outro gênero correlato à visão da História surgiria: as crônicas, que funcionavam como registro oficial dos acontecimentos. Novamente despontavam as funções administrativas da escrita que por sua vez alimentavam o modo de fazer a História.

11 – HISTÓRIA, ESCRITA, SUBVERSÃO E PODER

> "Entender o oral pelo escrito
> é como estudar lógica por textos esotéricos."
> Rubem Figgot

A conquista de novos espaços decorrentes das grandes navegações de depois do século XVI e os registros de avanços de europeus colonizadores determinaram uma forma de expressão hegemônica, escrita. O poder dos dominadores se estabeleceu por meio da imposição do código grafado usado pelas línguas de preponderância que, por sua vez, trataram de se impor como oficiais submetendo as outras. Mesmo entre os conquistadores, a palavra escrita diferenciava em seu uso do oral. Quanto mais próxima do poder, a linguagem ganhava sentido protocolar que distinguia das proximidades do uso comum do oral. O poder hierarquizou o significado da expressão oral, que passava a ter sentido menor em relação à escrita, que, por seu turno, ganhava o estatuto de oficializadora de atos gerais da vida. Isso derivou do germe medieval que extremava as experiências de registros. A oralidade, então, projetou-se como forma de expressão popular, informal, e apenas os cultores da escrita, religiosos, juristas ou legisladores, responsáveis pela compilação e transmissão da cultura oficial, foram encarregados de cuidar da redação, guarda e ciência dos textos relevantes. Logicamente, o refinamento oral sobreviveu às investidas, mas mesmo ele passou a ter um filtro escrito: a Literatura e a gramática agindo como formas reguladoras ou de crivo.

> Tal foi o impacto da escrita sobre a oralidade que gradativamente esta passou, em parte substancial, a depender da geração de conhecimentos definidos pela grafia. Abriu-se progressivamente uma nova tradição, a era da oralidade secundária.

Também tardou para que, na modernidade, a imprensa tivesse alcance de divulgação capaz de atingir as camadas menos favorecidas. Isso foi dilatando a distância entre grupos que falavam e escreviam e outros que apenas falavam. O domínio da escrita, em tantos casos, virou critério de divisão social.

Desde a invenção da imprensa por Gutenberg, por volta de 1455, houve um corte nas relações entre o oral e o escrito. A reputação e o uso da palavra escrita passaram a submeter a oralidade, de maneira a fazer daquela o mecanismo por excelência da oficialidade e do exercício do poder. Desde então, a palavra mais válida é a registrada por escrito. A informalidade passou a ser atestado de oralidade e com ela a dinâmica da língua incorporava gírias e distorções.

Em termos de registros oficiais, a crônica dos reis e dos senhores poderosos ganhou dimensão e vigor como atestado de uma História exaltativa e linearmente feita para atestar o poder. Escrita e cronologia passaram a se unir garantindo uma lógica de poder baseada na sucessão dos fatos. Assim, o caráter da História oficializadora passou a se apoiar nesses relatos de nexos causais. Nem tudo, porém, ocorreu sem contradições; por exemplo, o aspecto subversivo da palavra, como algo não documentado, ganhou força como um contraponto da oficialidade escrita. Ao longo da história, essa subversão também cobrou forma escrita, o que suscitou a censura. De toda maneira, pela fluidez, a oralidade virou o reino da paródia, ironia, escárnio. Pela escrita, sempre, esses elementos aparecem em decorrência da captação oral. Na medida em que a imprensa amplificava seu espaço na produção de documentos escritos, com a proliferação de outras soluções documentais, os arquivos iam se constituindo como depositários de referências escritas, capazes de testemunhar e instruir argumentos do poder. A institucionalização dos arquivos como lugares de guarda documental histórica tem muito a ver tanto com o progresso de um tipo de História quanto com o distanciamento de registros orais, que passavam a ser considerados como "memória". Aliás, em termos de memória, desde logo, é preciso distinguir o que é memória oral do que é memória escrita. Pode-se dizer que a grande divisão da História se deu em função do alinhamento do expansionismo e da organização de classe feita em cima dos critérios de acesso à escrita.

A oralidade, ainda que comum a todos os circuitos sociais, ficou relegada, cada vez mais, à informalidade e, resultante disso, sua consideração enquanto motivo de análise "científica" ficou menor. O sentido subversivo da palavra oral, dada sua fluidez avançava como contraponto ao estabelecido pela oficialidade da letra escrita.

Às camadas pobres, analfabetas, restava a transmissão oral; a grande linha de separação de classes se estabeleceu a partir da oficialização da escrita e do uso que dela os poderosos fizeram. O longo curso dessa imposição facilitou os mecanismos de poder que se estabeleceram fazendo, por exemplo, com que em muitos casos os analfabetos não pudessem sequer votar.

A par do primado da escrita, os testemunhos nunca deixaram de ser importantes para alguns historiadores, que não abandonaram a prática do convívio direto com os protagonistas dos fatos. Assim fez Michelet ao registrar a *História da Revolução Francesa* em 1789 e Macaulay ao produzir a sua *História da Inglaterra* a partir do reinado de Jaime v (1848-55). Desde Engels até E. P. Thompson, a esquerda e os militantes têm sempre mantido atenção na "voz proletária" ou dos subalternos para poder usá-la como argumento da transformação social via luta de classes. A íntima relação com aqueles que não detêm ou não podem ostentar o código escrito é uma das marcas mais fortes da história oral. Dentre tantos historiadores importantes que se valeram do uso da oralidade como forma de elaboração de trabalhos históricos, sem dúvida, destaque deve ser dado, além de Michelet, aos historiadores do romantismo francês. Em franca oposição aos iluministas, que racionalizaram os métodos de fazer a História definindo inclusive seu estatuto disciplinar, os românticos não deixavam de "ouvir o povo". Nessa senda, Michelet contrapunha-se ao princípio delegado por Voltaire, que ridicularizava os mitos transmitidos oralmente, como forma "absurda" e enfraquecida pelas deturpações ocorridas a cada geração que recebia esta ou aquela manifestação guardada oralmente. Aliás, foi Michelet quem cunhou uma expressão que fecundou os estudos que consideram a entrevista como essenciais:

"documentos vivos". Além da *História da Revolução Francesa* em que verificou que apenas os documentos escritos seriam insuficientes para um estudo mais abrangente, Michelet escreveu outro trabalho *O povo*, em que levava em conta as transformações operadas no comportamento popular dado o impacto da mecanização sobre os camponeses franceses. Reabre-se, pois, com Michelet o círculo que conduz à linha histórica do uso das entrevistas, que se apresentavam como geradoras de reflexões e que acabaram, mesmo modificadas, voltando a ter sentido.

> Seria um erro supor que o uso de entrevistas signifique novidade. Desde sempre elas se constituíram em recurso para a formulação de argumentos repassados para a cultura em diversos níveis. De pais para filhos, de geração para geração, na vida cotidiana, através dos séculos, as pessoas transmitem suas experiências, preceitos e ensinamentos úteis. Há, portanto, certa naturalidade na comunicação. Isso, contudo, não deve ser confundido com entrevistas, que se caracterizam por um mínimo de objetivo e formalidade.

A longa viagem da palavra escrita em seu percurso triunfante sobre o oral determinou combinação de poder, subversão e interferências. A grande constatação, contudo, corre por conta da imperiosa necessidade de se perceber que se tratam de dois códigos diferentes e que um não pode ser confundido com o outro.

12 – A MODERNA HISTÓRIA ORAL

> "Seu objetivo é buscar na experiência dos indivíduos aspectos de sua vida, sem excluir um compromisso com o contexto social."
> Marcelle de Almeida Carvalho

Do uso informal das entrevistas à racionalização que demandou definições quanto ao seu caráter "científico" ou "histórico" deu-se a sistematização de seus conteúdos. Os argumentos arrumados sistematicamente, equiparados uns aos outros em diálogo continuado e cumulativo e assumidos com critérios cuidados por práticas estudadas acabaram por ditar procedimentos legitimadores das entrevistas. Afinal, depois de Michelet ficava difícil simplesmente detratar recolhas populares e desmerecê-las enquanto forma qualificada de reconhecimento testemunhal. Esse processo foi resultado do refinamento de um saber que, contudo, não assumia entrevistas que não fossem pensadas e armadas em função de uma busca precisa. Paralelamente, registros de situações comuns, não ligadas a um fato notável, não mereciam relevância. Abria-se então estrada para tipos seletivos de entrevistas que mesmo consideradas deveriam ter prestígio como fontes. Mesmo o uso ressignificado pelos românticos não equivalia ao que podemos chamar hoje de história oral, pois os procedimentos não eram minimamente discutidos em termos de critérios e de relação com um projeto inicial executado com o auxílio de máquinas e equipamentos eletrônicos. Sobretudo, faltava um debate afinado com discussão sobre procedimentos. O que se tinha era uma investida individual, calcada na maioria das vezes no bom senso autoral.

Apenas depois da Segunda Guerra Mundial é que a história oral se armou de critérios diferenciadores das demais formas até então consagradas de entrevistas. A história oral, portanto, é recente e fruto do convívio urbano, atenta a fenômenos de interesse do público amplo e triada por debates atentos à fundamentação de seus usos.

Assim como se pode dizer que a escrita marcou o início da História, garante-se que o uso dos meios eletrônicos determinou o surgimento da moderna história oral.

A moderna história oral nasceu em 1948, portanto depois da Segunda Guerra Mundial, na Universidade de Colúmbia, em Nova York. E não é sem motivo que isso se deu naquele espaço e tempo. Em Nova York, a Universidade de Colúmbia representava uma espécie de vanguarda das atividades culturais institucionalizadas, e a cidade capitalizava os acontecimentos decorrentes do fim da guerra. Atuando como centro irradiador de cultura, o funcionamento das rádios e demais meios de comunicação tinham Colúmbia como sede. A junção da investida acadêmica em um projeto sobre as elites intelectuais de então e os testemunhos de pessoas do povo definiam duas linhas de atuação de trabalhos com entrevistas. O mais importante jornal da época já era o *The New York Times,* e na mesma quadra onde funcionava o noticioso – na *Times Square* – situavam-se várias estações de rádios e foi nesse contexto que as histórias de pessoas comuns, de vítimas da guerra e de tantos que suportaram as tropas lutando fora do país, eram contadas e transmitidas. Gradativamente, substituía-se a exclusividade dos nomes importantes e mesclava-se um rol de histórias cotidianas, que falavam de realidades bem comezinhas. A repercussão desses casos causava enorme comoção social. Professor da Universidade, Nevins, organizou um arquivo e oficializou o termo "história oral" que passou a ser indicativo de uma nova postura diante da formulação e difusão das entrevistas. Isso se deu quando combinaram os avanços tecnológicos com a necessidade de se propor formas de captação de experiências vividas e surpreendidas no tempo real das pessoas. Os relatos combinados com a necessidade de registrar experiências gravadas e transmitidas por meios mecânicos facilitaram a democratização das informações e serviu de base para o sentido da história oral, que, então, para diferenciar-se de outras práticas de entrevistas, ganhou o adjetivo "moderna".

> Allan Nevins foi quem fundou o primeiro grande arquivo de história oral e elaborou o projeto pioneiro na área. Abria-se assim uma nova era para o tratamento de documentos feitos no tempo real da vivência das pessoas. O fato de a Universidade de Colúmbia se prestar a tal investida pode ser visto como ato fundamental do processo de tratamento moderno de entrevistas.

Mas é fundamental que se tenha em mente que não se pode pensar no sucesso da história oral sem levar em conta o rádio e o gravador. Portanto, a certidão de batismo da moderna história oral foi dada pela eletrônica. Isso fez toda diferença. Criava-se um sistema de circulação onde participavam:

1– emissores (contadores das histórias, narradores);

2– promotores do encontro (radialistas administradores com seus maquinários);

3– público (consumidores dos produtos das entrevistas).

Foi a junção desses três elementos que animou o surgimento moderno da história oral.

> Ao se falar de história oral moderna, portanto, deve-se pensar em um sistema que combina emissores, mediadores e receptores. Não há história oral sem qualquer desses componentes, que se dinamizam na medida das trocas recíprocas.

A história oral nasceu vinculada à necessidade do registro de experiências que tinham repercussão pública. Os efeitos e a aceitação coletiva dessas narrativas determinaram seu sucesso independentemente do registro oficial, fossem em arquivos ou cartórios. Isso equivalia a uma nova noção de cidadania. A opinião pública emergia como forma de participação em casos que eram de interesse geral, fosse pelos fatos corriqueiros da vida cotidiana ou por inventos de expressões da ciência moderna. É verdade que o apelo público sempre foi significativo na medida em que os grandes pensadores e figuras notáveis, as celebridades, teriam outra forma de reconhecimento que divergia do alcance das histórias populares.

Depois da Segunda Guerra Mundial, quando o rádio já era um importante meio de divulgação, as entrevistas tornaram-se populares, ganhando audiência progressiva, e assim conquistavam foro de prática cotidiana.

> O significado das experiências narradas tornou-se fator de solidariedade e de participação coletiva em eventos que demandavam a opinião pública. Abria-se assim a caixa de atividades políticas na qual se inscreve a história oral.

O jornalismo, em sentido amplo, portanto, foi um significativo degrau para o avanço da história oral, que, aos poucos, foi se sofisticando, desdobrando-se de meras entrevistas e assim se diferenciando dos parâmetros comuns de divulgação radiofônica ou impressa. Isso serviu para que se pensassem as entrevistas além das figuras de destaque, heróis e grandes personalidades. Aos poucos os grupos menos favorecidos começaram a integrar a ordem de prioridades dos pesquisadores, e hoje há quem defenda a história oral como responsável por esse tipo de registro. Nunca, porém, a história oral deixou de lado o compromisso público. Aliás, ela se explica pela dimensão coletiva que consegue angariar. A tal ponto isso é verdade que se pode dizer que não há história oral sem interesse amplo, da opinião pública.

Além do rádio, as revistas e jornais, no contexto daquele pós-guerra, ajudaram a divulgar depoimentos que eram, quase sempre, complementados por fotos, dados situacionais dos acontecimentos, estatísticas, mapas. Esse tipo de divulgação popularizou as entrevistas como um gênero importante e integrado ao gosto urbano moderno. Então, a reunião da escrita, voz com foto ou imagem começou a chamar atenção dos estudiosos que se ocuparam em formular novos critérios de entendimento da sociedade moderna. A aceitação pública das histórias provocou vínculos entre o papel dos produtores de programas, intelectuais que pensavam as entrevistas e o grande público.

De início, a história oral combinou duas funções complementares:

A evolução dos registros combinando som e imagem gerou um desafio que tem atraído muitos adeptos da história oral: as gravações em vídeos e filmes. A relação entre o uso de entrevistas e fotos, gravuras e outras imagens também é tema constante das reflexões teóricas sobre história oral.

1 – registrar fatos e histórias em particular, pois poderiam se perder sem gravações;

2 – divulgar experiências relevantes e estabelecer ligações com o meio urbano, que consumia as entrevistas, promovendo assim um incentivo para a compreensão e registro da história local. Esse processo ficou conhecido como "História imediata".

Em certo sentido, é válido creditar à história oral um caráter revolucionário, pois ela se tornou razão de ser de fatos locais de interesses coletivos. A descaracterização da "grande história", dos sistemas externos e determinantes dos microcosmos, contrastou os critérios de leitura do mundo. A valorização do indivíduo e o seu reenquadramento em contextos capazes de distingui-los significaram outra forma de viver socialmente. Um impacto imediato disso foi notado na melhoria da autoestima de comunidades que passaram a se ver também como parte da História. De qualquer forma, até a consagração da história oral, essa conclusão dependeu de um longo processo de maturação.

13 – A GESTAÇÃO DA MODERNA HISTÓRIA ORAL

> "Esse reordenamento ideológico e conceitual do passado e seus personagens coincide com a renovação temática e metodológica que a sociologia da cultura e os estudos culturais realizaram sobre o presente."
> Beatriz Sarlo

O vínculo entre a história oral e os meios eletrônicos é inerente ao papel das novas formas de captação do social como tema de reflexões. A história oral é expressão viva disso, mas, como os aparelhos em geral, ela também passou por processos evolutivos. Quando se pensa, por exemplo, nas primeiras câmaras fotográficas e se leva em conta o tamanho, peso e facilidade de transporte, é de se surpreender com as variações. O mesmo se deu com os gravadores, que atualmente ocupam espaços cada vez menores. Seria ingênuo supor que tais variações não impactaram as soluções de registros. Mas toda essa metamorfose tecnológica, por certo, não explica a intimidade entre os meios materiais e as fundamentações teóricas. Aliás, são essas que explicam o uso do maquinário na produção de gravações. Assim, resta recobrar alguns momentos definidores das mudanças.

Antes de 1948, portanto, quando ainda não se havia definido sequer o termo "história oral" e nem a Universidade de Colúmbia havia organizado seu arquivo fundador, nos Estados Unidos dos anos 1918-20, a Escola de Sociologia de Chicago pensou normas que poderiam dar sentido a uma prática que se mostrava aberta para o entendimento dos cidadãos comuns: as "histórias de vidas".

Pode-se dizer que a história oral em sua origem teve uma luta importante que a definiu: superar o exclusivismo da história de figuras exemplares. A inscrição

> Aos poucos o modelo proposto por Colúmbia ia se impondo, e nos anos 1950 uma onda de projetos surgia em vários estabelecimentos norte-americanos, reproduzindo a proposta de Nevins. Interessante notar que não apenas universidades desdobravam esforços de registro de projetos de história oral. Associações e sociedades de estudos e preservação de memórias locais também aderiam a tal prática. Entre os ganhos mais evidentes, está a composição de registros tanto de pessoas eminentes, como de figuras comuns.

de pessoas comuns foi uma etapa significativa e que serviu de ponto de apoio para a outra tendência, a história de grupos que de alguma maneira ficaram à margem do processo de integração social. Essa fase de trabalhos de história oral vigorou nos anos da contracultura, em particular na segunda metade da década de 1960.

O amadurecimento de uma agenda de história oral retraçou um caminho que combinava o teor político e imediato das histórias aventadas com o caráter democrático de acesso a informação. A gestação da moderna história oral, portanto, trouxe em seu processo o germe que a distingue de outras soluções de registro. Assim, uma das vertentes mais radicais da história oral preza o compromisso de não ser apenas uma alternativa para produzir documentos de casos que poderiam ser feitos com outros suportes. Novamente, devolve-se a história oral um papel revolucionário na formação da opinião pública, universitária ou não.

Pessoas que defendem o sentido de subversão documental propiciado pela história oral moderna creditam a ela a condição polêmica de "outra História", "contra-História" ou ainda como "História vista de baixo". Assim, a história oral ganha destaque entre as possibilidades de se pensar registros e estudos de grupos silenciados de diversas maneiras e dos excluídos dos mecanismos de registros da História e demais disciplinas.

14 – HISTÓRIA ORAL COMO DIVISÃO DE SABER

> "É preciso pensar com a mente aberta."
> Hannah Arendt

Criou-se uma linha divisória capaz de separar dois campos abertos à definição de história oral: de um lado a vertente *culturalista*; de outro, a *instrumental*. Para respostas adequadas sobre o tema temos que qualificar as questões essenciais ao seu entendimento: Por que história oral? De quem? Para quem?

De um lado situam-se posturas bem formuladas que se aprazem em repetir de jeitos novos soluções antigas e – por que não dizer? – alienadas, de formulação de conteúdos acadêmicos gastos e sem função social, pois afinal como já se disse "*a história oral não é solução para tudo*" – como se alguém houvesse dito que sim. Avesso dessa postura, um saber ativista e que propõe remodelações no papel da produção acadêmica, do intelectual e dos seres que animam a sociedade, excita a imaginação daqueles que veem mais uma dimensão nos deveres universitários de pensar a sociedade: a contribuição para o entendimento de realidades resultantes e processos inconclusos e de políticas públicas instruídas a fim de corrigir rotas que abandonam segmentos que padecem dominação, opressão, injustiças.

> Ainda que seja aceito o inevitável – que história oral não seja solução para tudo –, sabe-se que ela é, pelo menos, uma janela que deixa ventilar o ar puro do "tempo presente" e que sem ela não se pode pensar a sociedade e os projetos de melhoria da vida coletiva com base em saber rigoroso e comprometido com as experiências de quantos se sentem "não incluídos".

Evocando lições que desdobram desde Hegel, passando por Dilthey, Walter Benjamin, Lucien Goldmann, temos a noção diferenciada entre "*verdade e experiência*" ou, dizendo de outra maneira, entre "*realidade e vivência*". Assim, o consagrado axioma "*compreender para explicar*" ganha mais uma dimensão ao ser aliado à peremptoriedade da "*transformação*". Então, construindo um novo silogismo, temos que: compreendendo para explicar, explicamos para transformar, donde "*compreender é transformar*". *Transformação*, portanto, passa a ser o objetivo da história oral. "Ação de transformar" que é algo mais do que registrar, estudar, pesquisar. Não se fala, contudo, de uma transformação em sentido plano, raso, restrito, simples e meramente imediato. Toda a ação da história oral é transformadora desde a raiz. E isso em todos os níveis, desde a elaboração do projeto, escolha dos colaboradores, operação de entrevista, produção textual e eventual análise.

> Durante todas as fases de execução da história oral temos um compromisso com a transformação sem o que a história oral não tem razão de ser. Sem isso, aliás, não se tem história oral e sim o velho e consagrado uso de entrevistas "para explicar".

A novidade aqui proposta se efetiva na superação do limite *culturalista*. Porque se credita ao saber universitário, acadêmico, mais do que *compreender*; assume-se o compromisso com o social como princípio, meio e fim da história oral. O destino *transformador*, portanto, é a marca de honra da história oral.

15 – A HISTÓRIA ORAL NO BRASIL

> "O lugar de destaque ocupado pela história oral na produção do conhecimento acadêmico no Brasil, nos últimos dez anos, nos colocou internacionalmente em uma posição bastante singular."
> Antonio Torres Montengro e Tania Maria Fernandes

Se é comum a qualquer processo de reconhecimento que se diz novo apresentar sua origem, com a história oral não foi diferente. Em países de longa tradição democrática, a inscrição da prática da história oral se deu naturalmente. É fundamental, contudo, notar que em lócus, com interrupções políticas autoritárias, o processo foi bem diferente daquele ocorrido em países de tradição democrática. Lá, continuidades; aqui, interrupções. Seria um erro não reconhecer os dilemas de gestação da história oral de culturas que padeceram controle da própria produção reflexiva. Erro maior, porém, é pensar que a importação de modelos pode dar conta de explicações sobre locais em que houve o trauma dos silenciamentos. Precisa-se, em primeiro plano, reconhecer sua realidade. Porque o registro ganhava foros de testemunho policial durante a ditadura – daí, por exemplo, o uso indiscriminado do jargão jurídico "depoimento" –, as entrevistas eram sempre evitadas, triadas por autocensura ou por censura explícita, limitadas em sua expressão livre. Como em vasta parte da América Latina, o Brasil não se eximiu dessa mácula. Acresce-se à prática de responsabilidade pela introdução da história oral a disputa por prestígio institucional, que em nosso caso tem prejudicado deveras o bom entendimento da matéria e, mais do que isso, seu desempenho como procedimento político-social, público e de interesse coletivo.

> Não é válido confundir entrevistas com depoimento. No caso de depoimento, o que preside é um inquérito policial. Entrevista é um ato de colaboração e apenas se justifica como tal em processos democráticos.

A carência de tradições institucionais que não dissociam os compromissos práticos, transformadores do social, do dever de pesquisa entravou e ainda atrapalha o desenvolvimento da história oral brasileira. Some-se a isso a falta de treino em relacionar processos amplos, nacionais, com situações locais, individuais ou de pequenos grupos. A insistente mania de proceder a "estudos de casos" perturba o entendimento de histórias orais feitas com base na consideração de memória, identidade e senso comunitário. Em conjunto, mais um fator atravanca a estrada da nossa história oral: a disputa projetada também no reconhecimento de instituições e pessoas que fora da academia fazem trabalhos usando o registro de entrevistas. A fragilidade dos estudos sobre música, tradições orais, linguagem popular, é eloquente exemplo disso. Paradoxalmente, um viés novo passa a atuar na transformação desse quadro: o impacto em nossos círculos universitários das teorias "do tempo presente", que arrasta para a cena o fenômeno entrevista. A crescente imposição da história oral nas academias tem proposto questionamentos na velha concepção elitista e alienada de cultura. A história oral projeta-se como um atalho para cortar a longa distância historiograficamente proposta por quantos viam a cultura apenas como forma de estudo.

> Atua também como entrave para o sucesso da história oral a resistência dos procedimentos disciplinares, que mesmo evocando procedimentos de diálogos com outras áreas, no seu fazer, impõem procedimentos fechados.

Porque, ainda que se usem estrategicamente os subterfúgios da "interdisciplinaridade", cada disciplina universitária reivindica os seus pressupostos metodológicos. Consequência lastimável e grave desse procedimento imaturo é o choque final que faz com que historiadores ainda reivindiquem a si o direito de pensar a história oral apenas como mais um jeito de formular documentos para a História. Mesmo reconhecendo que alheios a isso grupos de sociólogos, psicólogos, geógrafos, etnólogos e principalmente antropólogos se arvorem em oralistas, seus deveres disciplinares ficam marcados, impossibilitando o diálogo entre os campos que tratam de entrevistas, testemunhos e narrativas. A insistência em não enfrentar esse debate faz com que a consideração da história oral como disciplina, no Brasil, fique distante e seja considerada como atitude radical. Resultados:

1– em termos acadêmicos, cada área do conhecimento acabou por desenvolver um tipo de visão e uso das entrevistas e tal apropriação das narrativas, paradoxalmente, implicou dificuldades de diálogos entre as disciplinas;

2– as manifestações de história oral fora da universidade não alçaram respeitabilidade nos círculos acadêmicos, ficando marginalizadas;

3– ao mesmo tempo o círculo acadêmico não consegue mais ficar alheio ao uso do oral.

Devido à combinação da tradição universitária nacional com os efeitos coercitivos do golpe militar de 1964, no Brasil – bem como em vários outros países da América Latina na década de 1960 –, formou-se, em termos da consideração da história oral, um divisor de difícil rompimento. De um lado a prática dos oralistas acadêmicos e de outro os demais. Em consequência disso, enquanto em muitos lugares do mundo dimensiona-se a história pública, entre nós isso fica para o futuro sempre adiado. Em compensação, quase que como vingança pelo silêncio imposto, foi o germe da repressão militar que acabou por excitar o aparecimento de uma história oral vibrante, contestatória e prezada por quantos a entendem como contra-história. Sem dúvida, pode-se dizer que a história oral brasileira é, inclusive, uma das alternativas para a afirmação da democracia. Vale, pois, dizer que a história oral tem dupla função política, posto que se compromete tanto com a democracia – que é condição para sua realização – como com o direito de saber – que permite veicular opiniões variadas sobre temas do presente.

Como a censura foi um dos pilares da ditadura militar, a avaliação daquele período acabou por ser uma via de acesso à compreensão dessa nossa experiência, e, diga-se, esse é um dos campos mais férteis da história oral brasileira e latino-americana.

Entre nós, desde a Campanha pela Anistia, no fim dos anos 1970 e principalmente depois da definição da Abertura Política, notava-se uma vontade grande de registrar a memória de um tempo difícil. Duas manifestações despontaram como possibilidades: a literatura memorialística e a história oral. A primeira, por suas características imediatas, aflorou logo; a segunda, a história oral, demorou mais. Ambas, porém, se tornaram importantes. Museus, arquivos, grupos isolados, entre outros, passaram a assumir como direito o registro de suas trajetórias.

Presentemente, há, sem dúvida, um notável avanço mantido em nível internacional, onde o Brasil passa a ter lugar cada vez mais destacado como promotor de trabalhos de história oral. Alessandro Portelli, inclusive, reconhece que a história oral brasileira pode dialogar com outras vertentes nacionais, dada a sua originalidade e poder de síntese. Uma das razões que explicam a ardente adesão brasileira a essa prática é a frustração reinante nos círculos acadêmicos que não mais se satisfazem com os resultados anteriores, ainda que não aceitem sem muitas ressalvas a história oral.

Fora da universidade, inúmeros pequenos, médios e grandes museus e arquivos, preocupados com o registro da história local, ou de comunidades, também têm proposto pontes entre o saber acadêmico e as necessidades regionais para promover o registro e o exame social de realidades específicas. A regionalização da história oral é outra das virtudes propostas ao oralismo brasileiro, pois pontua situações que, em geral, são vistas amplamente. Contra as determinações dadas pelas grandes estruturas e processos sociais, a história oral se insurge como o avesso de tendências massificantes e "desumanizadoras" e assim funciona como bom antídoto.

> As tensões que colocaram a história oral em evidência entre nós, como assinala Janaina Amado em seu artigo "Conversando: o CPDOC no campo da história oral", possibilitaram a um grupo de pessoas, preocupadas com o assunto, em 1992, durante o Congresso Internacional América 92: Raízes e Trajetórias, em São Paulo, no Departamento de História da USP, propor a criação de uma Associação Brasileira de História Oral (ABHO), que foi efetivada em abril de 1994.

Cabe no reconhecimento da história oral brasileira identificar uma trajetória que poderia ser nominada de "*pré-história da história oral*". Anterior às investidas da década de 1980 e 1990, exatamente em 1975, a Fundação Ford, em parceria com a Fundação Getúlio Vargas do Rio de Janeiro, tentou, sem sucesso, promover uma organização de alcance nacional que, contudo, não frutificou por falta de ambiente democrático e entusiasmo dos participantes. A ausência de vínculo com a sociedade em geral fez daquela experiência uma ação entre amigos, mais nada. A artificialidade da proposta era clara. Inspirada em outras experiências nacionais, foi promovido um curso que trouxe ao Rio de Janeiro um bom número de professores de diversos estados que, infelizmente, voltaram sem conseguir reproduzir a proposta. Em termos teóricos, nessa investida presidia a noção de que o entrevistado seria "objeto de pesquisa" e o resultado, a "produção de documentos para arquivos". O único resultado dimensionado dessa experiência, sob a direção do CPDOC, foi o surgimento de um programa de história oral brasileira, que se mantém até hoje sem grandes alterações, destacando-se mais por seu caráter arquivístico do que crítico ou sensível à modernização do saber. Um dos polos centrais desse instituto é a vasta coleta de "depoimentos" da elite política nacional. O uso documental da história oral promovida pelo CPDOC reforça duas tendências anciãs em nosso meio:

1– o modelo importado, mormente norte-americano, pouco supera a sanha de publicação de entrevistas e mesmo assim insistem no crivo sociológico e sociologizante delas;

2– o caráter meramente documental, de propriedade do material arquivado, marca da opção institucional voltada exclusivamente à pesquisa acadêmica.

Dessa manifestação, porém, a história oral, contextualizada nos "*anos de chumbo*", não ganhou o público, não contagiou adeptos da prática de entrevistas e nem se formulou como escola irradiadora de pesquisas. Pelo contrário, assumiu uma postura introspectiva que, contudo, projetou um lado positivo, de depósito de excelente acervo, referência obrigatória a qualquer estudo sobre a elite nacional, em particular de autoridades vinculadas ao poder.

Os trabalhos seminais de história oral no Brasil são de:

1– Pedro Celso Uchoa Cavalcanti e Jovelino Ramos: *Memórias do exílio*. São Paulo, Editora Livramento, 1976. Esse livro, escrito no exílio político, pode ser a certidão de batismo da nossa história oral;

2– Carlos Henrique P. Correia: *História oral: teoria e técnica*. Florianópolis, Ed. Univ. Federal de Santa Catarina, 1978. Por ter usado pela primeira vez o termo "história oral" no Brasil, e por combinar reflexões de cunho teórico com sugestões da prática, do como fazer, esse trabalho merece também destaque por ser lançado publicamente, saindo assim da proposta modelar para ser um guia de alcance estudantil e de pesquisa. Essa abertura marcou o ingresso do Brasil no circuito acadêmico da matéria;

3– Aspásia Camargo "Balanço metodológico: história oral e história de vida, documento interno de trabalho do CPDOC, 1979. Ainda que de caráter "interno", vale destacar a iniciativa desse grupo;

4– Valentina da Rocha Lima (org.): *Getúlio: uma história oral*. Rio de Janeiro, Record, 1986, procedeu a estudo pioneiro usando partes de discurso como documento;

5– Albertina Oliveira et al. *Memórias das mulheres do exílio*. Rio de Janeiro, Paz e Terra, 1980. v. 2. Estendeu a proposta de Pedro Celso Uchoa Cavalcanti e Jovelino Ramos e produziu uma versão feminina do mesmo drama;

6– Maria Isaura Pereira de Queiroz: *Variações sobre a técnica de gravador no registro da informação viva*. São Paulo, CERU e FFLCH/USP. Coleção Textos, 1985. Foi pioneira na sugestão do uso de entrevistas em história de vida, destacando o que mais tarde seria considerado história oral de vida.

Propondo um balanço da experiência brasileira e considerando a "(re)introdução" da história oral depois de 1983, pode-se indicar três pontos nebulosos que marcam a trajetória da história oral entre nós:

1– o fato de ter nascido exilada;

2– de se ater, em muitos casos, a um colonialismo dependentista;

3– sobretudo, por se recluir no meio acadêmico e recusar-se à inclusão de outros setores capazes de produzir conhecimento.

Vale insistir que, apesar de tudo, a história oral no Brasil é uma realidade que, ainda polêmica, é uma promessa interna e externamente, prova-o a existência de grupos dinâmicos, organizados e criativos como, entre outros, os da Universidade Federal de Pernambuco, Brasília, Rio Grande do Sul, Rio de Janeiro, Rondônia, Federal Fluminense, Estadual de Campinas, Bahia, puc/sp. Na Bahia, destaque é dado à Universidade Estadual, que ostenta um programa exemplar de história oral voltada ao meio em que se inscreve.

UNIDADE VI – O EMPÍRICO E O TEÓRICO

16 – Faces de uma só moeda
17 – Colaboração e cooperação
18 – Banco de histórias
19 – História oral pura ou híbrida
20 – Análise em história oral

16 – FACES DE UMA SÓ MOEDA

> "Deus criou a humanidade porque gosta de histórias."
> Elie Wiesel

Fundamental para a história oral é o tratamento conceitual dado ao narrador que se dispõe a ajudar no processo de entrevista. Sem dúvida, a mudança das considerações tradicionais carece de novos ângulos. A proposta de "colaboração" ganha terreno, em particular, em vista da humanização das relações na produção de textos, em que a interação entre as partes atua de forma determinante. O conceito de colaboração implica, pelo menos, presença de dois ou mais participantes em uma ou múltiplas sessões de entrevistas gravadas segundo princípios planejados e com fins estabelecidos. A situação do encontro para gravações decorre, sempre, de acordos prévios em que locais, tempo de duração da entrevista, outras próximas reuniões e demais detalhes são arranjados de maneira a facilitar o sentido do produto final, ou seja, o estabelecimento de um texto escrito que, por sua vez, também tem consequências dinâmicas no projeto. Trata-se de um sistema – a entrevista, em si – inserido em outro sistema – a entrevista no projeto integral. Mas se deve ter clara a importância de se detalhar as fases e integração de uma etapa em outra.

Como relato, por sua vez, o texto resultado de cada entrevista depois de produzido integra-se com o projeto de maneira consequente. O efeito da presença das entrevistas tem de ser transformador dos resultados, caso contrário, não se justifica usá-la. O caráter prático do uso de entrevistas é vital para a justificação de seu uso. A consideração da entrevista isolada apenas encontra sentido na fase de sua definição como documento. Sua real valorização se dá na medida dos diálogos promovidos pela dinâmica da proposta inicial, que clama por conclusões que afinal validam o uso das narrações. Como superação do valor em si, as entrevistas ganham realce como fração componente de argumentos que crescem na sequência em que são somadas às outras entrevistas. Assim, rebaixa-se progressivamente o conteúdo isolado de cada entrevista. Árvore de floresta extensa, constata-se a perda progressiva da independência de cada entrevista, que, depois de finalizada, apenas ganha razão de ser em sua comunicação com outras. É a totalidade organizada das entrevistas que interessa. O reforço dos argumentos ou a oposição deles faz com que as entrevistas se entrelacem, favorecendo conclusões que as justificam.

> Com certeza, o resultado do trabalho conjunto para a produção de uma entrevista é, em primeira instância, um documento específico, mas de dupla significação: isoladamente e no projeto.

> O fazer entrevistas, além dos momentos de sua realização prática, demanda a finalização que a habilita para uso. Independentemente, cada entrevista é um documento e o conjunto um *corpus* documental específico.

Vistas unicamente como *parte*, as entrevistas perdem, completamente, funções no *corpus* documental. Não há sentido social em história oral de pessoas sozinhas. A não ser quando elas revelem algo injusto, excepcional, aberrante, as histórias resultantes em entrevistas únicas, de seres isolados de seus contextos, tendem a correr para a vala da exaltação, da mitificação nostálgica, e isso é o oposto do que se quer. Outro risco vulgar é a transformação da experiência apreendida em entrevistas únicas, ou isoladas, como "análise de discurso". Nesse caso, aliás, o que se vê é um processo que se rende à caracterização vernacular, estilística e de rala função social.

Em decorrência da contiguidade ou comunicação de uma entrevista com outra – e assim por diante –, a sequente mescla ou superposição desenha um mapa desejavelmente diferenciado no conjunto das entrevistas. Não se preza tanto a construção de um só lado nos projetos de história oral; pelo contrário, busca-se o diverso, fato que implica detalhamento de redes que carreiam oposições. O confronto é fecundo porque desejável. Pensar em história oral onde o torturado vê suas falas em contraste com as do torturador, por exemplo, é algo prezado como forma de exibição do diverso. E nesses casos é fundamental o conjunto de entrevistas que perdem o teor individual em troca de argumentos coletivos. É no olhar plural, nas vozes dissonantes, que se justifica a realização de projetos que incluam entrevistas. Fala-se, pois, de séries. Por lógico valorizam-se também entrevistas de segmentos únicos, de opiniões afins, mas de maior serventia são os que cruzam propostas e exaltam o poder dialógico das falas. Assim, a inscrição da entrevista no contexto amplo das demais ou o diálogo com documentos variados – dependendo dos projetos – anima trabalhos de história oral. Mas convém abordar o lado inaugural do processo de entrevistas: as sessões de gravação até o estabelecimento e aprovação do texto final. É exatamente nessa fase que se consagra a colaboração.

A colaboração é sempre uma situação acordada, premeditada, discutida, jamais imposta ou improvisada, e, neste sentido, a repartição dos poderes durante a fase de elaboração das entrevistas se dá no entendimento entre as partes, indo de um para outro, em movimentos pendulares bem definidos: quem fala, diz o que quer; quem trabalha com a transposição do texto oral para o escrito atua de maneira a deliberar as melhores soluções; a autorização é dada em cima do que o entrevistado optar e, finalmente, o produto é integrado ao projeto segundo as propostas do diretor, mantidos os compromissos de uso moral da colaboração. Nesse jogo de autoridade, o respeito a cada participante ou colaborador deve ser absoluto e calibrado segundo as prescrições do projeto. Propõe-se um mapa dos poderes pessoais na elaboração de um projeto de história oral:

1– iniciativa do autor do projeto que escolheu a pessoa a ser entrevistada;

2– poderes de condução do ritual de entrevista nas mãos do entrevistador, que além de ter o domínio da proposta de entrevista, tem a aparelhagem em mãos e a capacidade de dimensionar tempo, direção da fala e sua finalização;

3– relativa liberdade de expressão do entrevistado, que dentro das linhas propostas pelo entrevistador pode dizer o que quer, inclusive mentir, omitir, selecionar fatos e situações;

4– dentro do que foi gravado, o entrevistador – ou alguém de sua confiança – pode decidir sobre as estratégias de versão do oral para o escrito;

5– na conferência, cabe ao entrevistado autorizar ou não, vetar parte ou o todo da entrevista;

6– autorizada a entrevista, o entrevistador pode e deve decidir sobre seu uso no conjunto da proposta inicial.

Colaboradores, portanto, são elementos ativos na relação entre duas partes de projetos de história oral. Tanto é colaborador quem narra como quem registra.

É por esse conjunto de poderes divididos que se chama colaboração a relação entre entrevistado e entrevistador.

17 – COLABORAÇÃO E COOPERAÇÃO

> "Caminhante, são tuas pegadas
> O caminho e nada mais;
> Caminhante, não existe caminho,
> Se faz o caminho ao andar."
> Antonio Machado

Colaboração é o processo de interação em *lato sensu*. Ao conjunto das práticas que envolvem os dois lados, desde o começo do trabalho com entrevistas, chamamos colaboração. Mas há que se distinguir etapas no transcurso das relações entre entrevistador e entrevistado. O intrincado jogo de ida e volta dos poderes, com a severidade da determinação de quem é quem em cada parte, faz com que seja aflorado o princípio constante da negociação. Caso o entrevistado/colaborador, por exemplo, queira tirar algo de seu texto final, ainda na fase anterior à autorização, este poderá exercer seu direito acordado previamente. Contudo, se for vital para o entendimento amplo do projeto, cabe ao entrevistador/diretor do projeto negociar a permanência da passagem aludida como importante. É nesse sentido que se inscreve no processo de colaboração outro conceito, menor, de cooperação.

> Dentro do conceito de colaboração cabe o de cooperação. Colaboração é maior que cooperação, mas a cooperação perde seu sentido depois de estabelecido o texto com sua devida autorização.

Entendendo por cooperação a *"ação"* de *"operar"* e principalmente de *"operar junto"*, ressalta-se que na prática operacional da produção do texto/documento o entrevistado tenha a função de um operador que em consonância com o colaborador/entrevistador ajude a produzir um texto capaz de dimensionar o encontro.

Em termos práticos, a sessão – ou sessões – de gravação é composta de uma etapa meramente *empírica*. Desde a montagem do projeto, antes de qualquer suposição analítica ou mesmo de superposição das entrevistas em seus possíveis cruzamentos internos, o que se dá é a produção do documento que, sempre, terá que se integrar em um *corpus* documental mais amplo, que caracteriza e dá razão de ser ao projeto. Seja como ferramenta, técnica, método ou saber, as aplicações das entrevistas nos projetos devem inevitavelmente remeter ao caráter testemunhal delas. E documentar uma situação em história oral significa, antes de tudo, obediência a pressupostos que juntam a prática de produção de um texto aos cuidados éticos de seu tratamento. Toda e qualquer reflexão sobre o fazer da entrevista, portanto, deve ser elaborada em função dela e não de seu efeito analítico predeterminado ou *avant la lettre*. Quase sempre o que se vê, em particular em vistas desarmadas, é a reflexão às vezes exaustiva sobre a linguagem, sintaxe, transcrição ou impacto léxico-social da palavra ou das narrativas. Isso quando, em tantos casos, as entrevistas nem sequer foram realizadas. Em vez de se prestar atenção à composição da entrevista, enquanto um corpo capaz de produzir uma lógica interna, sistêmica, o que se vê é, novamente, desvios que mais cuidam dos efeitos vernaculares do que propriamente do seu significado social, enquanto portadora de *experiência*.

O rigor no processo de estabelecimento de um texto deve ser severo, fiel às regras preestabelecidas, pois dele depende o resul-

> A superação do tratamento meramente linguístico é um dos desafios de quem se propõe a ver a história oral além da prática comum de entrevistas e de suas dimensões vernaculares ou linguísticas.

tado final do trabalho que atesta o labor conjunto e a eficiência da proposta. Pensando que o *procedimento empírico* que se advoga como adequado à prática da história oral é decorrente da *experiência,* supõe-se que o processo de elaboração do produto final tenha uma lógica interna que dependa da memória e da decisão de revelar os conteúdos controlados pelo narrador. Assim, porque toda memória é seletiva e dado que todo entrevistado tem liberdade e direito de escolha do que conta, a *experiência* buscada foge do racionalismo objetivo, da coisa certa, da verdade provável, da data sem erro ou do nome correto. Logicamente, essa constatação dispensa os exaustivos debates em torno da reconstrução exata dos fatos e torna infantil a fátua digressão sobre a diferença entre o vivido e concebido.

> Pela evidência da impossibilidade de pensar a memória como arquivo capaz de reproduzir fatos precisos e reconstruir situações "como elas realmente ocorreram", credita-se a quem defenda posturas de reprodução fiel da sessão de gravação os mesmos defeitos positivistas que acabam sendo desvios de mensagens analíticas importantes, vazadas ao longo das entrevistas que são mais do que perguntas e respostas.

O que se define como sagrado no processo de elaboração de projetos em história oral é o fato de se confundir a elaboração documental com sua análise. Isso é tão fatal como comum, pois muitos projetos padecem do erro crasso de mesclar a construção do texto com o produto analítico. Ocorre, constantemente, um desvio do alvo: em vez de se pensar o assunto para o qual as entrevistas servem, considera-se o processo de produção como foco. É nesse cenário que deve atuar a hermenêutica. Como exercício interpretativo, a hermenêutica tem suas regras, que tanto implicam a consideração do texto/fonte como sua exegese depois, no *corpus* documental. Lembrando que antes de se pensar na análise devemos supor os critérios de constituição dos textos, cabe à fase empírica de constituição do documento o cuidado com detalhes práticos da entrevista, então: onde, quantas horas, como, de quem, para quem, ganham contornos decisivos. Da mesma maneira, os desdobramentos que levam à autorização do texto de entrevistas e seu uso no conjunto do projeto.

É por isso que, em história oral, se atribui à *experiência* uma feição diferente da *racionalidade pura* ou *intelectual*. Na solução kantiana, o material derivado

> Colaborador e colaboração não equivalem a informante e informação. Para a história oral, o resultado da colaboração e o sentido do colaborador em um projeto não se restringem às referências exatas de datas e fatos. Colaboradores são seres que ao narrar modulam expressões e subjetividades e a transparência disso é relevante aos exames decorrentes do texto estabelecido em análise com os demais.

das trajetórias individuais narradas e exemplificado pelos fatos da vida – sempre em um espaço de tempo e lugar definidos cronologicamente – é constituído pelas sensações e, em complemento, os condicionantes das vivências individuais são racionais e explicáveis em comprovações menos intuitivas. Ao registro dessas vivências e suas sensações chama-se "empirismo". Assim, empiria é o reino da percepção registrada e nele mora a subjetividade. O colaborador, ao narrar o mais livremente possível o que lhe é instintivo ou sensível com as variações comuns a quem conta, diz respeito aos ajustes do indivíduo na sociedade. Exatamente aí reside a essência da história oral. É também o produto dessa interação que caracteriza a sensibilidade do encontro entre as partes, a colaboração. A apreensão dessas circunstâncias é sutil e por isso a situação de gravação em história oral deve ser direta, olho no olho, respeitosa e confiante. Outra característica importante é que o *empírico* contrapõe-se ao *experimental*, que é sempre uma ação controlada, medida, planejada em detalhes e por isso sintética. O empírico é, pois, o factual, a "historinha" contada, o fato revelado e registrado em gravação, e não se constitui de maneira nenhuma em algo aprioristicamente analisado ou mesmo analisado em sua constituição.

A atribuição dos *elementos empíricos* da entrevista convida a pensar fatores narratológicos, ligados aos fatos da vida ou circunstâncias do tema em questão. Por lógico, impressões gerais, opiniões sobre acontecimentos, juízos objetivos ou não, sonhos, fantasias, mentiras inclusive, tudo isso cabe no universo da entrevista, mas não depende de comprovação nenhuma. Da mesma forma, condições físicas dos narradores – idade, situação de saúde, estado emocional e outros – devem ser levados em conta ao se pensar a constituição das entrevistas. Com isso, admite-se a grande contribuição da história oral: não há mentiras em narrativas. Pelo contrário, as versões dos fatos, legítimas ou não, são o que mais interessa. Ou – pergunta-se – a vida social é feita só de verdades e fatos objetivos, comprováveis?

> Em história oral, mais do que a verdade comprovada e aferível, o que se busca é a variação das narrativas em suas evidências, inexatidões e deslocamentos. Se isso é válido em termos individuais, no coletivo ganha dimensões ainda mais relevantes.

Não se fala, pois, de "exatidões históricas" ou "testemunhos de verdades" ou mesmo de "realidades comprovadas" e sim de visões, construções narrativas, idealizações, que são definidas na exposição dos fatos. Para muitos que nada entendem de história oral, a confiabilidade das entrevistas é fato suspeito, pois a memória falha, erra, desvia, camufla, distorce, inventa. Mas é exatamente isso que interessa. Lembremos: o respeito à empiria expressa no fazer do documento é o tesouro buscado pela história oral capaz de revelar a subjetividade contida nas variações do parâmetro dado pelo estabelecido como verdade.

É pela importância e respeito à circunstância empírica da narrativa que se deve somar os pontos de contato das diversas entrevistas de um projeto. Pensando que a memória coletiva se dá exatamente na repetição de fatos narrados é que se advoga o respeito à apreensão dos acontecimentos e a sua transposição do código oral para o grafado. Interessa não as palavras em si, pois não é cada palavra exatamente como foi dita que vale, mas o seu significado no conjunto da dissertação de alguém em situação de entrevista e na conjunção de outros textos estabelecidos na mesma perspectiva.

> Quanto mais discreto for o ato da entrevista, quanto mais íntimo e comungado o encontro, melhor será o resultado do encontro.

Assim, toda primeira etapa de projetos, o momento da aquisição das gravações, é sempre empírica e deve ser atenta ao narrador. Em termos de objetividade, portanto, a "verdade" de cada participante, a confiabilidade, é estabelecida na proporção da autorização final. Por evidente, a dinâmica da memória continua nas pessoas vivas que podem mudar de ideias, variar versões dos fatos narrados, mas de modo definitivo, estabelecido o texto decorrente da narração e transformada em letra escrita uma alternativa, ela se torna inquestionável. O ato de autorização da entrevista a faz "verdade em si", fator significante sem referência natural a outra coisa, como, aliás, tanto queria Platão como Aristóteles.

A empiria então se constituiu em uma primeira etapa, em parte fundamental da tarefa do oralista que, diferentemente dos demais segmentos que trabalham com documentos escritos, produzidos por terceiros e quase sempre arquivados, não precisam do cuidado de elaboração da matéria que lhe servirá para a continuidade. A análise, como complemento e que só deve existir depois do núcleo de entrevistas estabelecido, demanda tratamentos diversos. E, nesse caso, não se fala mais em procedimentos empíricos, e sim analíticos. Superada a fase de aquisição de entrevistas, cabem três alternativas que devem ser explicitadas no projeto:

> A empiria é uma face da moeda. A outra, a eventual análise, depende da transposição dos documentos estabelecidos a partir das entrevistas e de seu ordenamento segundo os ditames do projeto. De toda forma que fique patente o preparo da primeira parte, ou seja, das entrevistas produzidas.

1– arquivamento, guarda ou publicação das entrevistas em si;

2– diálogo entre as diversas entrevistas em diversas linhas de argumentos que combinam aproximações e diferenças; e

3– diálogo das entrevistas com a produção historiográfica afeita ao motivo da recolha.

Moeda única, o projeto de história oral possui, pois, duas faces. Uma, de elaboração das unidades documentais; outra, de seu conjunto. Dispostas às análises ou não, ambas têm comprometimentos empíricos que precisam ser muito bem definidos antes de se pensar em interpretação. A devoção aos critérios de elaboração dos documentos – unitários ou do *corpus* documental – é matéria essencial da fundamentação da história oral. Em vista da metáfora da moeda e suas faces, o que dever ser negociado é a efetivação do projeto em plenitude consciente. Em outras palavras, a montagem empírica do *corpus* documental e sua posterior, e eventual, análise.

18 – BANCO DE HISTÓRIAS

> "São como um cristal, as palavras;
> algumas, um punhal, um incêndio.
> Outras, orvalho apenas."
> Eugênio de Andrade

No caso do arquivamento e guarda das entrevistas, o que resulta é "banco de histórias", e isso merece cuidados desde a propositura do projeto, que deve determinar procedimentos.

A existência de projetos se constitui em regra sagrada para quantos pensam em situações de usos futuros. Trata-se, pois, de acervos planejados segundo projetos que buscam caracterizar um conjunto de experiências individuais, que ganham sentido no coletivo. Considerando que banco de histórias se vocaciona mais ao gênero história de vida, o que se pretende em sua efetivação é disponibilizar ao público interessado o registro de trajetórias pessoais ou de grupos que por motivos explicitados no projeto merecem atenção. Banco de história é procedimento desejável em casos em que haja abundância de narradores, urgência nos registros, mas faltam propostas integrativas e de uso imediato. Nessas situações, o arquivamento e a disponibilidade pública dos documentos possibilitarão no futuro a reordenação de textos que nutram alguma análise com proposta unitária.

Há dois tipos de entrevistas que se abrem aos bancos de histórias. Em um caso, as recolhas que são feitas exclusivamente para serem arquivadas em nome do reconhecimento de eventuais significados. Em outro, gravam-se

> Banco de histórias não é mero procedimento arquivístico ou um depósito de entrevistas recolhidas ao acaso. A intenção de fazê-lo deve estar ligada aos projetos.

histórias que foram preparadas para um fim/projeto específico, mas que não se esgotam em uma discussão temática única. Porque se abrem também para outras alternativas, as histórias gravadas podem ser aproveitadas de maneira variada. No caso de banco de história de colônias de povoadores de uma determinada área, por exemplo, os pioneiros quase sempre têm prioridade por se constituírem em grupos fundadores. Suas histórias, então, servem para iluminar os motivos que os trouxeram de um espaço a outro e os dilemas de fixação em novo ambiente físico e cultural. Outro exemplo é a recolha de histórias de avós, senhoras de mais de 60 anos que podem ser exaltadas a contar suas trajetórias de maternidade ou familiar, mas que, por outro lado, também podem ser usadas para estudo de gênero, sobre o envelhecimento ou vida cotidiana em outro projeto.

No caso de grupos que, independentemente de idade, gênero e classe social, atuaram em um evento – por exemplo, na fundação de uma associação beneficente de utilidade pública, sindicato, escola, agremiação esportiva ou hospital –, as histórias podem responder a um desafio proposto desde o início e que garantem unidade e lógica na recolha, mas, depois, podem integrar um banco de história amplo que se abre a múltiplos usos em uma comunidade ou em outros projetos.

Banco de histórias se constitui em um procedimento calibrado de recolha, mas como tal deve ter suas regras de arquivamento previstas no projeto. Situações como: direito de uso; condições jurídicas de audiência; soluções para o eventual estabelecimento do texto escrito e local de arquivamento devem ser acordadas na proposta.

> O banco de história não requer análise proposta aprioristicamente, mas exige apontamentos possíveis. Sem isto não há como planejar uma seriação.

Mas o que é um banco de histórias?

Banco de histórias é um conceito novo que se abre à história oral como alternativa disposta às recolhas que, desde o projeto inicial, se esgotam nas entrevistas feitas e arquivadas. A análise, portanto, é eventual, não constitui parte do projeto e em caso de existência decorre de outras iniciativas, de projetos que se organizam em cima dos textos já estabelecidos.

Atualmente, muitas cidades, agrupamentos sociais, instituições, passam a cuidar do que corriqueiramente chamam de "memória". Nesses casos, entrevistas sempre despontam como possibilidade de registro de experiências do passado corporativo que trama a organização de vivências coletivas. Quase sempre guardadas como "*documentos de arquivos sonoros*" em museus locais ou em acervos específicos, tais entrevistas podem dimensionar usos importantes, ainda que independentes de sua intenção inicial. Fala-se, pois, de um tipo específico de entrevistas, quase sempre mais abertas às histórias de vida ou a casos pontuais de relevo na vivência de uma coletividade. É notável que os projetos de bancos de histórias sejam cultivados, mesmo sem uma direção analítica ou de uso imediato ou exato. Pessoas que se dispõem a falar para bancos de história quase sempre se comprometem com um diálogo futuro e, assim, narram suas histórias como se fossem uma espécie de avaliadores de um passado que deve explicar o futuro local, institucional. Interessante que esse tipo de projeto sugere, sempre, uma retomada cronológica, marcada pela construção heroica e nostálgica da vida.

> Uma das vantagens da história oral feita para bancos de história é que em sua independência elas podem revelar lances menos dirigidos e que iluminam não apenas as visões de mundo, mas também, e sobretudo, a vontade de quem narra o que quer.

19 – HISTÓRIA ORAL PURA OU HÍBRIDA

> "Uma é a 'palavra pura',
> outra a 'palavra objeto'."
> Helio Oiticica

A história oral pode ser "*pura*" ou "*híbrida*". Dizendo de outra forma, um projeto tanto pode ser simplesmente de constituição de um acervo – banco de história ou proposta em que as vozes dos narradores se cruzam entre si de maneira a promover uma discussão polifônica – ou, também, pode fazer as entrevistas dialogarem com outros tipos de fontes ou documentos. Na situação de *história oral pura* é importante observar a variação de narrativas que dependem de gênero, raça, classe social, educação formal, idade, tipo de entrevista, mas que, em essência, podem manter uma lógica argumentativa comum e coerente em sua constituição. No caso da *história oral híbrida* preza-se o poder de "conversa", contatos ou diálogos com outros documentos, sejam iconográficos ou escritos como: historiográficos, filosóficos ou literários. No caso de *história oral pura*, o que se tem é a oposição de versões decorridas de visões diversas, conflituosas e até opostas. Considerando, por exemplo, que a experiência de vítimas de abuso sexual é diferente da dos abusadores, os argumentos contrastantes fornecem mecanismos analíticos interessantes para o entendimento de um ou outro lado. Outra vez valoriza-se a polifonia e reafirma-se que a história oral é social na medida em que junta vozes dissonantes.

A *história oral pura* não é desprezível de maneira a pensar que existirá outra eventualmente "*impura*". O que não se quer franquear é a oportunidade de equiparação de tipos de expressão discursiva que, em termos de narrações orais, não dispensam comparações. Porque na *história oral pura* valoriza-se o discurso como fonte peculiar; cabe considerá-lo em seu equilíbrio com *outra* fonte, ou documento característico, igualmente estabelecido com critérios afins. O nexo da construção do discurso oral lhe é típico, e isso legitima que seja aproximado, privilegiadamente, de outro discurso que também se estabelece da mesma forma. É importante ressaltar que *história oral pura* não é *análise de discurso oral*, pois se distingue na observação de sua constituição empírica – destinada a um projeto específico – e obedece ao critério de expressão de uma experiência vivencial, de uma visão de mundo. Também a eventual análise de falas vazadas sob critérios da história oral não se constitui em *comparação de discursos*. Porque as possíveis análises sempre tendem a abordar temas afeitos a uma discussão – uma tese, por exemplo –, elas não se preocupam com a originalidade da constituição das fontes e, assim, se limitam à identificação de igualdades ou diferenças.

A história oral híbrida tem outro objetivo. Ao relativizar a força única da expressão oral, de maneira quase que natural, exige-se a equiparação dos argumentos derivados de entrevistas com outros emanados de diversas fontes. Nesses casos, o que vale mais é a força temática que tira a força da lógica da construção da narrativa oral.

No caso da história oral pura, o que se valoriza como essencial é a construção do percurso narrativo; no caso da história oral híbrida, vale mais a objetividade temática. A primeira se presta a trabalhos feitos na base de narrações de histórias de vida; no segundo caso, vale os enfoques centrados em assuntos específicos. No caso das histórias de vida, a revelação da história toda, completa, é desejável; no segundo caso, cabe o recorte sempre revelador das intenções de quem vai usar a entrevista para fins elucidativos de estudos que dispensem o enfoque subjetivo.

20 – ANÁLISE EM HISTÓRIA ORAL

> "As palavras têm significado: algumas delas, porém, guardam sensações."
> Zygmunt Bauman

A decisão sobre o tipo de entrevista a ser feita, principalmente a respeito do tratamento a ser dado depois do estabelecimento do texto, sugere primazia na decisão da eventual análise das entrevistas. Atrelada ao projeto, a parte referente ao uso das entrevistas deve ser destacada. Assim, é bastante significativo o debate sobre a análise – ou não – da entrevista. Isso tem muito a ver com a proposta de elaboração de *história oral pura* ou *história oral híbrida*.

Análise em história oral é um procedimento premeditado, especificado no projeto e disso dependente; a finalidade do projeto, em particular, determina a forma de condução da entrevista. Destarte, tem-se que se a proposta apenas contemplou o estabelecimento de texto – para banco de histórias, por exemplo – a questão da análise é dispensada. De outra forma, desde que planejada e previamente determinada, como parte de um todo, a análise deve integrar o processo de desenvolvimento da proposta, mas em sua fase final, depois de constituídos os documentos derivados de entrevistas e estabelecidos os critérios de diálogos com outras séries documentais.

Isoladas, as entrevistas não falam por si, logicamente. Alinhá-las, contudo, é um procedimento capaz de sugerir, mais do que a condução do projeto, possíveis análises. Sozinhas, também, as entrevistas não se sustentam enquanto história oral; seriam apenas textos estabelecidos. A dimensão social é feita na medida em que são indicados os pontos de intercessão das diversas entrevistas.

> A memória coletiva e a identidade social se fundem para dimensionar o social, e mais do que objetos isolados de estudos elas se constituem no fundamento da história oral.

As entrevistas derivadas de projetos de história oral se prestam a cruzamentos internos e externos a ela. No primeiro caso, por se tratar de *história oral pura*, a boa determinação das redes impõe procedimentos que especifiquem origens de argumentos afinados. Assim, os imigrantes latino-americanos que foram um dia barrados na fronteira do México com os Estados Unidos podem se distribuir entre si de formas diversas, que, idealmente, indicam redes que os comportem segundo traços comuns capazes de explicar a intimidade do fenômeno: locais de procedências, gêneros, condição econômica, nível de escolaridade, relações de parentesco nos Estados Unidos. As possibilidades de desdobramento de situações específicas caracterizam a sofisticação do projeto, que, quanto mais detalhado, mais singular será. Assim, um procedimento analítico implica cruzamentos capazes de diversificar lógicas internas a cada segmento. A análise, pois, é resultado dessas constatações.

Um dos graves erros de quem trabalha com entrevistas é a confusão entre análise e resumo ou fragmento. Muitas pessoas supõem que, ao sintetizar ou mesmo fracionar, fazem o procedimento analítico, o que não é verdade.

> É fundamental em história oral distinguir o juízo estético das entrevistas – o fascínio pelo texto e pelo conteúdo da história – do juízo prático, que, afinal, explica o indivíduo em sua intenção narrativa.

Isso implica diferenciar procedimento "*compositivo*" de "*resolutivo*". No primeiro caso, sintetizar ou recortar é apenas resumir, e, sob a segunda alternativa, analisar é resolver a proposta indicada no projeto. Kant propunha que a boa análise implicava o regresso do todo às suas partes constitutivas de maneira que a análise não se torne a divisão racional das entrevistas em conjunto, mas a definição de seus temas relevantes.

Quando se pensa na análise das entrevistas em si, em sentido de história oral pura, o que deve ser passível de consideração é a análise dos "fatos observáveis", das narrativas concretas. Isso faz com que se considerem os fatos narrados como "verdades últimas".

UNIDADE VII – DO ORAL PARA O ESCRITO

21 – Transcrição

21 – TRANSCRIAÇÃO

> "Se alguém quer gerar uma rosa,
> não pode pegar a flor e simplesmente colocá-la na terra...
> tem que semeá-la no solo, pois só assim nascerá uma outra rosa."
> Eugene Vale

O conceito de transcriação é uma mutação, "ação transformada, ação recriada" de uma coisa em outra, de algo que, sendo de um estado da natureza, se torna outro. A beleza da palavra composta por "trans" e "criação" sugere uma sabedoria que ativa o sentido íntimo do ato de transcriar. Fala-se de geração, mas não de cópia ou reprodução. Nem de paródia ou imitação. O senso estético encontra aí colo que abriga aproximações sempre evocadas entre literatura e história oral. Nesse sentido, aplica-se à prática da transformação do oral no escrito; a metáfora da água que transmuda do líquido para o gasoso. A palavra também varia na forma do oral para o escrito. É assim que se justificam as variantes de uma mesma fonte, a palavra, que ao perder sua condição etérea ganha dimensões plásticas, viram letras grafadas.

> A noção da duplicidade diferenciadora entre o que é falado e grafado tem idade, ainda que muitas vezes seja cobrada uma transferência idêntica, como se o tema jamais fosse discutido.

Na prática estética transparente nos processos de produção literária, essas estratégias de modificação foram usadas em primeiro lugar na poesia e depois na tradução. A mecânica que as justifica são exercícios emprestados pela história oral. Eis, contudo, a inspiração básica: Ezra Pound dizia que seus versos seriam "recriações", formas corporificadas de original – fato, sentimento, impressão – que ganhariam matéria em letras. E reconhecia que na palavra há duas vidas: a oral e a escrita, e, que de uma para outra solução, seria preciso "traduzir". Tendo a inspiração como ponto de partida, vertida em palavra, o produto, o poema, concretizaria na beleza o sentido da mensagem. Haroldo de Campos, no Brasil, emprestou essa ideia – de recriação – e dinamizou o processo, aplicando-o à tradução de uma língua para outra. A isso chamou "transcriação".

A "tradução" do oral para o escrito, assim como uma tradução de idiomas diferentes, não se opera com uma simples transcrição, especialmente quando se trata de um texto subjetivo como a poesia e – no caso da história oral – a narrativa do colaborador. Até que se verbalizasse tal procedimento em uma teoria, dois autores, Otávio Paz e Haroldo de Campos, se valeram de um exercício comum. O termo "*blanco*", em espanhol, não se traduziria do espanhol para o português, simplesmente, por "*branco*". Essa mera transposição de idiomas gerou um texto conjunto desses dois importantes poetas, *Transblanco,* que marcou definitivamente o debate sobre o tema. Em outra etapa, já pensando a história oral, pessoas do Núcleo de Estudos em História Oral da USP (NEHO-USP) se valeram do mesmo processo e o aplicaram às entrevistas de história oral. Com um chão firmado no uso da transcriação em história oral, Alberto Lins Caldas sugeriu a radicalização de tal conceito, percebendo todo o processo de elaboração do projeto em história oral como uma solução transcriativa. Assim, desde a origem da transformação de algo que não seria natural – o plano de recolha e formulação de textos – até a sua devolução pública, seria parte da mesma prática transcriadora. Acrescente-se a isso o sentido poético que marca os trabalhos de história oral.

É nessa direção que se assume o conceito de "transcriação". Homologias: o poema é outro e o mesmo, a entrevista transcriada é outra e a mesma.

A transcriação nos aproxima do sentido e da intenção original que o colaborador quer comunicar. E tudo vira ato de entendimento do sentido pretendido pelo emissor, que pode ser expresso tanto oralmente quando por escrito. Em outra dimensão, o projeto como um todo também reproduz essa intenção. Mas, diga-se, essas recriações se realizam dentro de regras.

> Por lógico, há limites e não se pode, por exemplo, transcriar princípios matemáticos, fórmulas médicas, mas a favor da melhor tradução de mensagens admitem-se critérios de modificação.

E as variações de códigos, em particular de uma língua para outra, mais do que correspondência de palavra a palavra implicaria complexo campo que trança na coerência, beleza e entendimento. É impossível do etéreo, do verbo, se passar à materialização da escrita com fidelidade absoluta como se uma coisa fosse outra. Admitir isso, aliás, seria temeridade, visto que sons, entonação, cacoetes, modulações, não se registram sem alterações.

Segundo a tradição firmada, a passagem do oral para o escrito compreende antes de tudo bom entendimento do que foi falado; outra etapa, a passagem para o escrito sem perder de vista o referencial guardado, seja nas formas de construção de frases ou no universo vocabular. Por lógico, atuam nesse processo metáforas, trejeitos linguísticos, erros, mas sem perder de vista que nada é igual ou a mesma coisa. Arte e engenho, pois, fazem parte das habilidades requeridas pelos oralistas; o juízo crítico e o comedimento também. Superando as expectativas infantis de que o oral tem correspondência exata com o escrito, Frank Kermode desmonta os pressupostos de qualquer "*verdade honesta*" que seria identificada na transcrição fiel de uma entrevista. Kermode zomba da pretensão da fidelidade absoluta e diz textualmente "*no minuto em que se começa a escrever, tenta-se fazê-lo bem e escrever bem é uma atividade que não tem relação com a verdade absoluta*". Isso reforça a noção de interferência no texto. Aliás, esses princípios já estavam delineados por Martin Heidegger ao afirmar que "*dou uma pequena pista para quem quiser escutar: não se trata de ouvir uma série de frases que enunciam algo; o que importa é acompanhar a marcha de um mostrar*".

A *transcriação* é assim um fundamento-chave para a história oral, pois, sendo ela aplicada aos estudos de grupos, comunidades e indivíduos, abandona os estritos caminhos da racionalidade e se abre às convenientes dimensões subjetivas. A noção de *transcriação* ganha novos sentidos na história oral, pois sugere a fatalidade da transcriação como ato de recriação para comunicar melhor o sentido e a intenção do que foi registrado. Ainda que muitos falem de história oral como se ela fosse apenas mais uma maneira de formular documento, defende-se outra história oral, que se enquadraria mais e melhor no que Jerusa Pires Ferreira enuncia como "*comunicação em presença, a energia, o envolvimento multissensorial, que inclui, entre outras, a categoria da fascinação*".

Para melhor valorizar o ato transcriativo é preciso recorrer às indicações de John Langshaw Austin, que em Oxford criou a "teoria dos atos de fala", em que explicita os fenômenos pragmáticos do uso da linguagem. Austin argumenta que expressões da fala não são apenas frases que se resumem nas condições de seus conteúdos semânticos. Estabelecendo a preciosa separação entre fatores *constatativos* e *performativos*, ficava aberta a larga avenida que conduziria a entendimentos mais sofisticados do que aquele advogado por quantos veem na transcriação da fala "aquilo que foi dito do jeitinho que foi falado". Partindo do fundamento intencional das enunciações, Austin consagra a intenção performática dos narradores como fundamental. A *performance*, portanto, vai além da intenção descritiva ou do conteúdo informativo mínimo das sentenças enunciadas. Logicamente, as passagens constatativas continuam existindo – como "meu nome é..., nasci em... no ano..."; mas "acho que sempre fui uma criança feliz porque vivia em uma casa no interior, com pai, mãe e irmãos" é performática. Em passagens como a primeira, não cabe transcriar; no caso da segunda, sim. Porque Austin viu os atos da fala como formas de agir, deixou indicado o rumo seguido por Henry

> A transcriação se aplica mais ao gênero "história oral de vida" do que a "história oral temática". No primeiro caso, porque a história deve sempre aparecer por inteiro, torna-se automaticamente lógica a publicação do todo. No segundo caso, porque o fragmento pode ter sentido exato, o recorte é aceitável. Nesse caso, os limites da transcriação são maiores.

Paul Grice, que definiu as regras das "circunstâncias de enunciação" que denunciam a busca de intenção do entrevistado ao seu interlocutor. Vale coroar essa reflexão com as palavras de Danilo Marcondes ao supor o sentido da pragmática na filosofia contemporânea:

> O ponto de partida é a concepção de que a linguagem é essencialmente dialógica e a troca linguística, a interação entre falante e ouvinte, é regida por um princípio de cooperação, ou seja, falamos para sermos entendidos, caso contrário, nem sequer nos engajaríamos nesse processo. Essa concepção cooperativa define um modelo de como deveria funcionar a interação linguística.

É relevante lembrar que estabelecido o texto de cada entrevista, depois de exaustivamente trabalhado em todas as suas etapas até chegar à transcriação, a entrevista deve voltar ao narrador/entrevistado para que ele se reconheça nela, faça durante o ato de conferência a validação que lhe garanta reconhecimento de si mesmo.

> Porque toda entrevista escrita materializa os atos da fala, ela deve conter, no máximo possível, incorporações de situações das entrevistas. Por exemplo, se o colaborador chora, mas não diz, isso deve transparecer no texto como parte integrante da performance.

UNIDADE VIII – DOCUMENTOS E EXEMPLOS

22 – A prática da transcrição; textualização e transcriação
23 – Ficha de acompanhamento e controle do projeto
24 – Carta de autorização e uso das entrevistas
25 – Caderno de campo

22 – A PRÁTICA DA TRANSCRIÇÃO; TEXTUALIZAÇÃO E TRANSCRIAÇÃO

> "Há verbos performativos. É preciso entendê-los para se compreender os 'atos de fala'."
> Austin

Consagrando o princípio elementar de que existem diferenças entre uma situação (língua falada) e outra (língua escrita), nota-se que o mais importante na transposição de um discurso para o outro é o sentido que, por sua vez, implica intervenção e desvios capazes de sustentar os critérios decisivos. Por outro ângulo, a incorporação do indizível, do gestual, das emoções e do silêncio, convida à interferência que tenha como fundamento a clareza do texto e sua força expressiva. Em história oral, o reconhecimento do texto procedido pela conferência e pela autorização determina se o colaborador se identificou ou não com o resultado. É essa a grande prova da qualidade do texto final.

À guisa de exemplificação, vejamos o caso de uma entrevista de um projeto sobre os "sem-terra". Trata-se, primeiro, da mera transcrição da gravação, do oral para o escrito.

Fase 1: transcrição absoluta. Nessa etapa, foram colocadas as palavras ditas em estado bruto. Perguntas e respostas foram mantidas, bem como repetições, erros e palavras sem peso semântico. Sons como o miado de um gato que estava na casa e o toque do telefone também foram registrados.*

> *Entrevistadora:* D. Ana, me conta onde a senhora nasceu? Quando a senhora nasceu? Como foi sua infância?
> *Ana:* Eu nasci em Itararé...
> *Entrevistadora:* Ah! Aqui pertinho então...
> *Ana:* É... em 12 de agosto... ... eu nasci...
> *Entrevistadora:* E como era a família da senhora?
> *Ana:* A família nossa era assim, trabalhava na roça... plantava... arrendava ou um pouquinho de ameia também. A vida nossa era essa...
> *Entrevistadora:* E era grande ou pequena?
> *Ana:* Era grande, nove irmão.
> *Entrevistadora:* Nove irmãos!...
> *Ana:* Nove irmãos, seis irmã e três irmão... E todo pequeno assim, pequeno assim, tem que ir para a roça. Eu fui com 7 anos para a roça. Como meu pai não tinha condição, tinha que trabalhar para tratar dos irmãos. Os mais velhos iam para roça. (gato miando muito)
> *Entrevistadora:* E a senhora é das mais velhas?
> *Ana:* São três irmãs mais velhas. Os irmãos mesmo, que é homem, eram novos. Tem o caçula da minha mãe, que agora tem 30 anos, é gêmeo. Foi depois deles nascerem... Então tínhamos que deixar um de nós na casa para cuidar deles. Minha mãe ficou muito doente... Então todo dia a gente trocava, ficava uma irmã e a outra ia para roça. A que ficava cuidava das crianças e da casa. Então não era uma vida boa... Tinha que trabalhar na casa e na roça. Todos os filhos tinham que trabalhar.
> *Entrevistadora:* E o que vocês trabalhavam na roça?
> *Ana:* Plantava feijão, milho, arroz... Só isso que a gente plantava. De miudeza, plantava melancia, meu pai gostava de plantar melancia... Mais era isso que a gente plantava. Daí chegava na época de carpi, tinha

que carpir, ia toda a criançada para roça. Só não trabalhava quem ficava cuidando da casa. Escola pouco tivemo. Os mais novos tiveram, mas, a irmã mais velha nem teve escola. Eu parei um ano na escola e a outra irmã fez a terceira série. Assim, os mais novos estudaram mais. E a escola era perto... (gato miando). Não podia ir na escola, porque não podia ficar sem trabalhar. Acho isso aí não era uma vida boa. Foi uma vida muito dura. E o pior de tudo é que eu gostava de estudar. Passei de ano, toda feliz, e não pude ir na escola mais. Só foi os irmãos mais novo, porque não iam na roça. Mas dos grandes sem estudar... Não é fácil, não!... E hoje, depois de casado voltaram a estudar. Eu não quis, já vieram atrás de mim umas par de vez. Mas não quis! Já não estudei quando era criança, estudar depois de mais velha... Eu já, assim, já... não tenho muita saúde... Vou ficar lá sentada, a cabeça já não é muito boa para guardar as coisas. O que aprende hoje, amanhã não lembra mais! Então não vou, não! Nunca mais quis estudar, mas meus irmãos estudam. (telefone toca e ela não atende)
Entrevistadora: *E os seus irmãos moram aqui por perto?*
Ana: *Não, só tenho... moram em Tatuí. E em Itararé moram três irmãos meus e o resto tudo mora em Tatuí.*
Entrevistadora: *E tem algum que é assentado?*
Ana: *Dos meus irmãos só tem uma irmã que é assentada, entrou agora, naquela terra do banco... você já ouviu falar naquela terra do banco?*
Entrevistadora: *Ah! do Banco da terra!?*
Ana: *É do "Banco da Terra"... Ela conseguiu.*

Fase 2: textualização. Nessa fase foram eliminadas as perguntas, tirados os erros gramaticais e reparadas as palavras sem peso semântico. Os sons e ruídos também foram eliminados em favor de um texto mais claro e liso. Uma frase guia, chamada "tom vital", foi escolhida e extraída da entrevista como um todo. O "tom vital" é um recurso usado para requalificar a entrevista segundo sua essência. Porque se parte do princípio que cada fala tem um sentido geral mais importante, é tarefa de quem estabelece o texto entender o significado dessa mensagem e reordenar a entrevista segundo esse eixo. É o "tom vital" que diz o que pode e o que não pode ser eliminado do texto. No caso, o "tom vital" da entrevista é "Daqui eu gosto!".

> *Daqui eu gosto!*
>
> *Nasci em Itararé, aqui pertinho... nasci no dia 12 de agosto... A nossa família trabalhava na roça, arrendava ou plantava de ameia... a vida nossa era essa. A vida era essa... Era uma família grande, ao todo nove irmãos, seis irmãs e três irmãos. Todos, mesmo pequenos tinham que ir para a roça... eu mesmo fui com 7 anos. Todos os filhos tinham que trabalhar. Como meu pai não tinha condição, a gente tinha que trabalhar para tratar dos irmãos pequenos. Os mais velhos iam para roça. Eu e mais três irmãs, somos as mais velhas. Os irmãos homens eram mais novos. Tem os caçulas da minha mãe, os gêmeos, que agora têm 30 anos. Foi depois deles nascerem que minha mãe ficou muito doente... Então tínhamos que deixar um de nós na casa para cuidar deles. Mas todo dia a gente trocava, ficava uma irmã e a outra ia para roça. A que ficava cuidava das crianças e da casa. Não era uma vida boa... Tinha que trabalhar na casa e na roça.*
>
> *Na roça a gente plantava feijão, milho, arroz... Só isso que a gente plantava. De miudeza, melancia. Meu pai gostava de plantar melancia... Não tinha muita variedade, no mais era isso que a gente plantava. Quando chegava na época de carpi, tinha que ir toda a criançada para roça. Só não trabalhava quem ficava cuidando da casa.*

> *Por isso, escola pouco tivemos. Os mais novos tiveram, mas, por exemplo, a minha irmã mais velha nem teve escola. Eu parei um ano na escola e a outra irmã fez até a terceira série. Os mais novos estudaram mais. E a escola era perto... Mas não podia ir na escola, porque não podia ficar sem trabalhar. Por isso acho que minha infância não foi muito boa. Foi uma vida muito dura. E o pior de tudo é que eu gostava de estudar... Passei de ano, toda feliz, e não pude ir mais na escola. Só os irmãos mais novos puderam, porque ainda não iam na roça. Mas os grandes ficaram sem estudar... Não foi fácil, não!... E hoje, depois de casados muitos voltaram a estudar. Eu não quis, já vieram atrás de mim um par de vezes... Mas não quis! Já não estudei quando era criança, estudar depois de mais velha... Não tem sentido. E também não tenho muita saúde... Vou ficar lá sentada, a cabeça já não é muito boa para guardar as coisas. O que aprende hoje, amanhã não lembra mais! Então não vou, não! Nunca mais quis estudar, mas meus irmãos estudaram.*
>
> *Em Itararé moram três irmãos meus e o resto todos moram em Tatuí. Dos meus irmãos só tem uma irmã que é assentada, entrou agora, naquela terra do banco... aquele Banco da Terra... Ela conseguiu.*

Fase 3: o texto é apresentado em sua versão final e depois de autorizado pela colaboradora deve compor a série de outras entrevistas do mesmo projeto. Eventualmente, essa entrevista pode também se integrar num banco de histórias do Movimento dos Trabalhadores Sem-Terra.

> *Daqui eu gosto!*
>
> *Nasci em Itararé, no dia 12 de agosto de 1958. A nossa família trabalhava na roça, arrendava ou plantava de ameia... a vida nossa era essa: roça e plantação....*
>
> *A gente era uma família grande, ao todo nove irmãos, seis irmãs e três irmãos. Quando era criança gostava de brincar de casinha, com as coisas que a gente*

mesmo fazia, coisas de barro e bonecas de sabugo de milho verde, porque tem cabelo. Meu pai ficava bravo com a gente de estragar o sabugo. A gente inventava um monte de brinquedo, mas não tinha muita folga para brincar... Gostava de brincar de boneca também, mas quase não tinha brinquedo. Enquanto era bem pequena, sempre achava um jeito de brincar. Quando fui crescendo um pouco, é que não deu mais... Só trabalhava, e quando estava em casa cuidava dos irmãos mais novos. Então a gente não teve muito tempo...

Todos, mesmo pequenos tinham que ir para a roça... eu mesmo fui com 7 anos!... Todos os filhos tinham que trabalhar. Como meu pai não tinha condição a gente tinha que trabalhar para tratar dos irmãos pequenos. Os mais velhos iam para roça. Eu e mais três irmãs, somos as mais velhas. Os irmãos homens eram mais novos. Têm os caçulas da minha mãe, os gêmeos, que agora têm 30 anos. Foi depois deles nascerem que minha mãe ficou muito doente, sofrendo do pulmão. Então tínhamos que deixar um de nós na casa para cuidar deles. Isso por um ano, depois minha mãe foi melhorando, agora sarou, hoje é mais sadia do que eu. Mas todo dia a gente trocava, ficava uma irmã e a outra ia para roça. A que ficava cuidava das crianças e da casa. Não era uma vida boa... Tinha que trabalhar na casa e na roça.

Na roça a gente plantava feijão, milho, arroz... Só isso que a gente plantava. De miudeza pepino, verdura, horta e melancia. Meu pai gostava de plantar melancia... Não tinha muita variedade, no mais era isso. Quando chegava na época de carpi, tinha que ir toda a criançada para roça. Só não trabalhava quem ficava cuidando da casa.

Por isso, escola pouco tivemos. Os mais novos tiveram, mas, por exemplo, a minha irmã mais velha nem teve escola. Eu parei um ano na escola e a outra irmã fez até a terceira série. Os mais novos estudaram mais. E a escola era perto... Mas não podia ir na escola, porque não podia ficar sem trabalhar. Por isso acho que minha infância não foi muito boa. Foi uma vida muito dura. E o pior de tudo é que eu gostava de estudar... Passei de ano, toda feliz com nota boa e não pude ir mais na escola. Só os irmãos mais novos puderam, porque ainda não iam para a roça. Mas os grandes ficaram sem estudar... Não foi fácil, não!... E hoje, depois de casados muitos voltaram a estudar. Eu não quis, já vieram atrás de mim um par de vezes... Mas não quis! Já *não estudei quando era criança, estudar depois de mais velha... Não tem sentido. E também não tenho muita saúde... Vou ficar lá sentada, a cabeça já não é muito boa para guardar as coisas. O que aprende hoje, amanhã não lembra mais! Então não vou, não! Nunca mais quis estudar, mas meus irmãos estudaram e estão estudando até hoje.*

Em Itararé moram três irmãos meus e o resto, três irmãos e duas irmãs, todos moram em Tatuí. Dos meus irmãos, só tem uma irmã que é assentada, entrou agora, naquela terra do "Banco da Terra"... Ela conseguiu.

* Entrevista feita por Suzana Lopes Salgado Ribeiro durante a realização do seu mestrado: *Processos de mudanças no* MST: *história de uma família cooperada*, Mestrado. São Paulo, FFLCH/USP, 2002.

23 – FICHA DE ACOMPANHAMENTO E CONTROLE DO PROJETO

> "Como em qualquer projeto de ciências sociais, em história oral o acompanhamento do projeto é parte do controle necessário ao bom resultado."
> José Carlos Sebe Bom Meihy

Todos os projetos devem ser acompanhados de fichas de controle. Deve sempre haver, pelo menos, duas modalidades de fichas: uma da situação de entrevista e do projeto e outra do entrevistado e do processo da entrevista até o estabelecimento e aprovação do texto final.

A ficha de situação da entrevista e do projeto é meramente técnica e deve conter o nome do projeto e a relação dos entrevistados, com os seguintes itens: I) dados do projeto; II) dados do entrevistado; III) dados dos contatos; IV) dados do andamento das etapas de preparo do documento final; e V) envio de correspondências.

I) Dados do projeto

Nome do projeto:
Diretor do projeto:
Instituição patrocinadora:
Entrevistador(es):
Tipo de entrevista (gênero):
Local e duração da entrevista:
Ficha catalográfica da entrevista:

II) Dados do colaborador

Nome completo:
Local e data do nascimento:
Endereço atual: Rua   n°
Bairro   Cidade   Estado
Documento de identidade: Tipo:
Local e órgão de emissão:
Profissão atual:
Profissões anteriores:
Observações:

III) Dados dos contatos e da entrevista

Indicação do contato:
Data do contato:
Outros contatos:
Forma do contato:
Data(s) da(s) entrevista(s):
Local da(s) entrevista(s):

IV) Dados do andamento das etapas e de preparo do documento final

Primeira transcrição:
Textualização:
Transcriação:
Conferência:
Carta de cessão de direitos:

Modelo de acompanhamento

	1	2	3	4	5
André Silva	X	X	X	X	X
Caio Linhares	X	X	X		
Gabriel Soares	X	X	X	X	X
Manuela Fernandes	X	X	X		
Valkiria Morais	X	X			
Wilma Novaes	X	X	X	X	X

V) Envio de correspondência

Data da carta de apresentação do projeto:
Data do agradecimento(s) da(s) entrevista(s):
Data da remessa da entrevista para conferência:
Data da carta de cessão:

24 – CARTA DE AUTORIZAÇÃO E USO DAS ENTREVISTAS

> "Esses contratos – inevitáveis, até certo ponto – são a chave para abrir e fechar arquivos, limitar ou facilitar o trabalho interpretativo."
> Sérgio Vilas Boas

A carta de cessão é um documento fundamental para definir a legalidade do uso da entrevista. Ela pode remeter tanto à gravação quanto ao texto final (se este for produzido).

No caso de haver só a gravação, deve ficar claro quais as possibilidades e os limites para o eventual uso posterior, e cabe ao colaborador deixar especificados os critérios de uso. Nesse caso, sugere-se que a carta de cessão seja clara para definir exclusivamente a transcrição fiel. Da mesma forma, é prudente vincular o controle de seu uso (no todo ou em parte) à instituição que tem a guarda da gravação (exemplo 1).

Supondo que nas gravações queira-se propor limites tanto para que as fitas sejam ouvidas como para seu uso em citações, deve-se proceder um texto contendo claramente as limitações (exemplo 2).

Havendo, além da gravação, texto escrito, deve ficar claro que o que prevalece, inclusive para o uso da instituição ou do projeto pessoal, é esse texto. Nesse caso, a autorização para se ouvir a entrevista deve ter apenas a finalidade complementar, pois, desde que feita a conferência, é sobre ela que incide a "oficialização" da entrevista. As mesmas características de uso das gravações se aplicam ao texto escrito (exemplos 3 e 4).

Há, finalmente, situações em que o nível de autorização é amplo e cedido sem limites (exemplo 1).

Exemplo 1

(Local, data)

Destinatário,
Eu, (nome, estado civil, documento de identidade), declaro para os devidos fins que cedo os direitos de minha entrevista, gravada (data(s)) para (entidade e pessoas) usá-la integralmente ou em partes, sem restrições de prazos e limites de citações, desde a presente data. Da mesma forma, autorizo o uso de terceiros ouvi-la e usar citações, ficando vinculado o controle à (instituição), que tem a guarda da mesma.
Abdicando direitos meus e de meus descendentes, subscrevo a presente, que terá minha firma reconhecida em cartório.

(nome e assinatura do colaborador)

Exemplo 2

(Local, data)

Destinatário,
Eu, (nome, estado civil, documento de identidade), declaro para os devidos fins que cedo os direitos de minha entrevista, gravada (data(s)) para (entidade e pessoas) usá-la com as limitações relacionadas a seguir. Da mesma forma, estendo os limites a terceiros, ficando vinculado o controle à (instituição), que tem a guarda da mesma.
Abdicando direitos sob a parte não relacionada, o que faço também aos meus descendentes, subscrevo a presente, que terá minha firma reconhecida em cartório.

Limites:

1) de partes (citar claramente as partes que não podem ser ouvidas, indicando inclusive se elas devem ser apagadas da cópia original ou apenas das colocadas a público).

2) de prazos (citando se há limitação de tempo para sua liberação –um ou mais anos desde a data da gravação – ou se apenas deve ser colocado a público depois da morte da pessoa).

3) de pessoas ou grupos que não devem ter acesso à fita.

(nome e assinatura do colaborador)

Exemplo 3

(Local, data)

Destinatário,

Eu, (nome, estado civil, documento de identidade), declaro para os devidos fins que cedo os direitos de minha entrevista, transcrita e autorizada para leitura (data(s)) para (entidade e pessoas) usá-la integralmente ou em partes, sem restrições de prazos e citações, desde a presente data. Da mesma forma, autorizo o uso de terceiros a ouvi-la e usar citações, ficando vinculado o controle à (instituição), que tem a guarda da mesma.

Abdicando direitos meus e de meus descendentes, subscrevo a presente, que terá minha firma reconhecida em cartório.

(nome e assinatura do colaborador).

Exemplo 4

> (Local, data)
>
> Destinatário,
> Eu, (nome, estado civil, documento de identidade), declaro para os devidos fins que cedo os direitos de minha entrevista, transcrita e autorizada para leitura (data(s)) para (entidade e pessoas) usá-la com as limitações relacionadas a seguir.
> Da mesma forma, estendo os limites a terceiros, ficando vinculado o controle à (instituição), que tem a guarda da mesma.
> Abdicando direitos sob a parte não relacionada, o que faço também aos meus descendentes, subscrevo a presente, que terá minha firma reconhecida em cartório.
> Limites:
> 1) de partes (citar claramente as partes que não podem ser ouvidas, indicando inclusive se elas devem ser apagadas da cópia original ou apenas das colocadas a público).
> 2) de prazos (citando se há limitação de tempo para sua liberação – um ou mais anos desde a data da gravação – ou se apenas deve ser colocado a público depois da morte da pessoa).
> 3) de pessoas ou grupos que não devem ter acesso à fita.
>
> (nome e assinatura do colaborador).

25 – CADERNO DE CAMPO

> "Depositário da memória da pesquisa, o caderno de campo é instrumento essencial, é um instrumento de reflexão."
> Luiz Eduardo Robinson Achutti e Maria de Nazareth Agra Hassen

Aconselha-se vivamente o uso de caderno de campo no acompanhamento das entrevistas e no registro da evolução do projeto. No caderno de campo colocam-se as observações tanto do andamento do projeto como das entrevistas específicas.

É nesse caderno que devem também constar as impressões, bem como as ilações feitas a partir dos vínculos com entrevistas anteriores e hipóteses levantadas para enlaçar as futuras.

> Sugere-se que o caderno de campo funcione como um diário, em que o roteiro prático (quando foram feitos os contatos, quais os estágios para se chegar à pessoa entrevistada, como correu a gravação, eventuais incidentes de percurso) seja arrolado.

O caderno de campo deve funcionar como um diário íntimo, em que são registrados até os problemas de aceitação das ideias dos entrevistados, bem como toda e qualquer reflexão teórica decorrente de debates sobre aspectos do assunto.

> O caderno de campo deve ser íntimo e o acesso a ele deve ser exclusivo de quem dirige as entrevistas.

Uma das funções do caderno de campo é possibilitar um diálogo frequente e constante em relação ao projeto inicial. Certamente, o caderno de campo se torna um referencial obrigatório nas finalizações dos trabalhos. A validade dele como elemento de registro garante a trajetória da evolução do trabalho que varia em vista do projeto inicial.

Exemplo*

> Fui para a entrevista com Rafael, esperando algo próximo do que encontrara com Marcos. Errei mais uma vez e uma vez mais aprendi que o espaço das surpresas em história oral é enorme. Afável, desarmado, transparente em sua simplicidade, Rafael mostrou por que é o queridinho de todos. Dois predicados marcaram a figura do moço: a sensibilidade e o bom-humor, mesmo em situações difíceis. Trançadas, essas características projetavam um rapaz de sentimentos profundos e que foi hábil para se reorganizar e assim retraçar os caminhos da família. Virou líder, elo e alguém de trânsito entre todos.
>
> A aparência jovial, contudo, dificultava em uma coisa: como conciliar a profundidade dos sentimentos e a seriedade dos compromissos adquiridos com o ar tão despretensioso? Talvez o bom controle da língua e a capacidade de combinar a dor com a esperança de dias melhores para todos. Demorei,

contudo, a notar que o novo equilíbrio familiar deveria vir pelo caminho mais descomplicado do grupo.

Evitei comparar um irmão com o outro. Mesmo assim, entendia o segundo pelo primeiro, pois as diferenças mostravam resultados bem diversos de educação. E isso me levava a imaginar o projeto familiar. Percebia como Lea e Augusto projetaram-se nos dois filhos e, sobretudo, como em Rafael alguns traumas silenciados na relação não estiveram presentes. A alegria era a prova dos nove. A infância contada com detalhes mais expressivos mostrava os efeitos em uma vida que havia sido mais fácil e reconhecida por todos.

Impressionou-me muito a relevância que Rafael deu à hora da notícia e às consequências imediatas dela. Sem dúvida, sua vida dividiu-se em dois momentos e ele de maneira quase mística aprendera o que significava o sofrimento. As conversas conduzidas em tons baixos pareciam uma história contada a distância e o sentido pedagógico do sofrimento garantia um clima de fábula a tudo.

* Relato do caderno de campo da entrevista com Rafael, extraído de J.C.B. Meihy, *Augusto & Lea: um caso de (des)amor em tempos modernos*, São Paulo, Contexto, 2006. p. 149.

B – TEXTOS PARA DIÁLOGOS

d – Sobre transcrição
e – Transcrição em história oral
f – Colaboração / mediação
g – O caráter público de história oral
h – Devolução
i – Mediação

d – SOBRE TRANSCRIAÇÃO

Assumindo que a história oral concretiza-se somente quando chega ao texto, superando a etapa da entrevista e da formação de arquivos, deve haver um processo de "transcrição" das entrevistas que assegure a formação de um corpo documental a ser trabalhado pelo historiador.

Entende-se ainda que as linguagens, falada e escrita, têm valores distintos. O oralista Pilippe Joutard cita a respeito Maurice Pons, para quem "entre a fala e a escrita [...] há uma diferença pela qual escapam sutilmente a verdade e a vida [...]". Analisando uma entrevista que realizou com Simone Signoret, Pons nota que em suas frases "existe o calor, a emoção, o riso, o ofício, o talento. Ao serem lidas, as mesmas frases aparecem sumárias e secas, quase embrulhadas em suas vestes escritas. [...] Signoret não consegue escutar-se ao ler-se. Não se reconhece em si mesma".

Para que o narrador se reconheça no texto da entrevista, é preciso que a transcrição vá além da passagem rigorosa das palavras da fita para o papel. A transcrição literal, apesar de extremamente necessária, será apenas uma etapa na feitura do texto final, que chamo de *textualização*, por ser ao fim e ao cabo um modo de se reproduzir honesta e corretamente a entrevista em um *texto escrito*.

A textualização deve ser uma narrativa clara, onde foram suprimidas as perguntas do entrevistador; o texto deve ser "limpo", "enxuto" e "coerente" (o que não quer dizer que as *ideias* apresentadas pelo entrevistado sejam coerentes); sua leitura deve ser fácil, ou compreensível, o que não ocorre com a transcrição literal, apresentada por alguns historiadores como "fiel" ao depoimento, porém difícil de ser analisada como documento histórico.

A textualização final deve conter em si a atmosfera da entrevista, seu ritmo e principalmente a *comunicação não-verbal* nela inclusa: emoções do depoente como risos ou choro, entonação e inflexão vocal, gestos faciais, de mãos, ou mesmo do corpo. O texto, ainda, não pode abandonar a característica de originalmente falado, devendo ser identificado como tal pelo leitor.

Para conseguir chegar a esse resultado, valemo-nos de dois conceitos da linguística, que não podem ser entendidos separadamente: o de transcriação, proposto por Haroldo de Campos, e o de *teatro de linguagem*, formulado por Roland Barthes, que são adequados à prática da história oral por José Carlos Sebe Bom Meihy.

A transcriação surge da necessidade de se reformular a transcrição literal para torná-la compreensível à leitura. Na transcrição literal há inúmeras frases repetidas, enquanto outras são cortadas pelo entrevistando ou pela qualidade da gravação; há muitas palavras e expressões utilizadas incorretamente, devido à própria dinâmica da fala, da conversa informal – que é o que tentamos fazer das entrevistas. Há estrangeirismos, gírias, palavras chulas, ou seja: termos que são bastante distintos quando falados ou escritos.

Tendo-se, portanto em mente que o código oral e o escrito têm valores diferentes, procura-se corrigir essa desigualdade através da transcriação. Processa-se então uma intensa atividade sobre o texto e a gravação, na qual palavras, frases e parágrafos serão retirados, alterados ou acrescentados, permitindo que o não literalmente dito seja dito.

Esse processo está ligado à criação do *teatro de linguagem*, que é a passagem para o texto da comunicação não-verbal: a emoção insinuada através de uma careta, de um sorriso ou de uma lágrima. Trabalho árduo, verdadeira lapidação da fala, que não poupa a consciência do historiador de dilemas éticos perante cada alteração, adição ou corte.

O trabalho de textualização das entrevistas, uma "alteração" da transcrição literal, levanta problemas teóricos que devem ser considerados. Os oralistas que adotam essa postura, frequentemente são acusados de "ficcionistas", pois se considera ainda em muitos espaços que a textualização pertence ao ramo da literatura, por ser um "embelezamento" da transcrição literal que tira seu caráter de "verdade". Assim, cabe aqui retomar as tendências mais novas da antropologia, da crítica textual e do fazer histórico, considerando que a poética – e a política – são inerentes a qualquer produção de análise cultural, e que a ciência está *dentro*, e não *acima*, dos processos históricos e linguísticos.

A noção de que os procedimentos literários permeiam qualquer trabalho de representação cultural é uma ideia recente na antropologia. Para Clifford Geertz, processos como metáfora, figuração e narrativa afetam os modos pelos quais os fenômenos culturais são registrados, das primeiras observações anotadas, ao livro completo e às maneiras como essas configurações fazem sentido em determinados atos da leitura. O etnógrafo "inscreve" o discurso social: *ele o anota*. Ao fazê-lo, ele o transforma de acontecimento passado, que existe apenas em seu próprio momento de ocorrência, em um relato, que existe em sua inscrição e que pode ser consultado novamente. Os gêneros, acadêmico e literário, portanto, interpenetram-se inegavelmente no trabalho etnográfico em geral; além disso, a escrita de descrição cultural é propriamente experimental e ética.

Para Geertz, a palavra "ficção" retoma seu sentido mais explícito: perdendo a conotação de falsidade, de algo meramente oposto à verdade, *ela sugere a parcialidade das verdades culturais e históricas*, o modo como estas são sistemáticas e exclusivas. "Os textos antropológicos são eles mesmos interpretações e, na verdade, de segunda e terceira mão. (Por definição, somente um 'nativo' faz a interpretação em primeira mão: é a sua cultura.).

Trata-se, portanto, de ficções; ficções no sentido de que são 'algo construído', 'algo modelado' – o sentido original de *fictio* – não que sejam falsas, não-factuais ou apenas experimentos de pensamento." Focar a atenção na feitura do texto e em retórica, assim, serve para iluminar a natureza artificial, construída, de qualquer contar cultural.

Assume-se, portanto, que a textualização final da entrevista *é de autoria do historiador*, sendo o depoente um *colaborador* para a fabricação desse novo documento. Pensando o texto final como uma obra que fazemos juntos, ficam validadas as reflexões sobre o esforço de "maquiagem" contido no procedimento escolhido. Desde o início da leitura da entrevista, esse esforço deve estar aparente, afinal, onde estão as perguntas feitas aos entrevistados? Como se chegou a um texto corrido e limpo? Na textualização, a interferência do autor não deve ser negada, porém explicitada.

(Fragmento do artigo de A. C. Gattaz, Lapidando a fala bruta: a textualização em história oral, em J. C. S. B. Meihy (org.), *(Re)introduzindo a história oral no Brasil*, São Paulo, Xamã, 1996, pp. 135-40.)

e – TRANSCRIAÇÃO EM HISTÓRIA ORAL

Um dos conceitos-chave de certa História Oral (Viezzer, 1984; Burgos, 1987; Patai, 1989) e em particular da obra de José Carlos Sebe Bom Meihy (1990, 1991, 1993, 1996a, 1996b, 1997) é o de transcriação. É ele que vai inspirar o trajeto de procedimentos e o espírito da transformação da fala do interlocutor, do momento da entrevista passando pelos últimos trabalhos com o texto até a interpretação.

É o conceito de transcriação que, aplicado aos estudos de indivíduos, grupos ou mesmo comunidades, dará outra dimensão ao fazer das chamadas Ciências Humanas, levando-a ao limite da própria coerência; isto é, com o conceito de transcriação se abandona os estritos domínios das Ciências, criando, além dos tradicionais paradigmas, outra dimensão, no caso, de interpretação do presente.

Esse conceito, em Haroldo de Campos, está ligado ao de "Tradução como transcriação e transculturação, já que não só o texto, mas a série cultural (o "extratexto" de Lotman) se transtextualizam no imbricar-se subitâneo de tempos e espaços literários diversos" (1976a: 10), sendo essa

> *... tradução criativa [...] um modo de traduzir que se preocupa eminentemente com a reconstituição da informação estética do original [...] não lhe sendo portanto pertinente o simples escopo didático de servir de auxiliar de leitura desse original. Sua mira é produzir um texto isomórfico em relação à matriz [...], um texto que, por seu turno, ambicione afirmar-se como um original autônomo.* (1998: 67)

Enquanto em Campos o conceito se "restringe" a ser uma tradução, se preocupando "eminentemente com a reconstituição da informação estética do original" para servir de "leitura desse original", e ainda por cima buscando uma isomorfia com o "original", a nossa questão é mais ampla, exigindo não só um conceito específico para a possível tradução, que teremos que fazer entre a fala e o processo geral de textualização, mas uma visão geral das ficcionalidades enquanto memória, fala, transcrição, textualização e interpretação.

Ao mesmo tempo, toca de leve na questão de considerar o texto final o nosso referente ao ambicionar que o texto afirme-se "como um original autônomo" (precisamos fugir das ideias de reflexo em seus mais ardilosos artifícios), além do que, flexibiliza todo o trajeto de criação textual, desrespeitando ao respeitar; modificando ao compreender; criando ao entender a criação; fugindo ao texto como ícone; ao autor como ídolo e ao texto como referência, que não é nada mais que o conceito de objeto em ação.

Um dos primeiros textos que conhecemos, em que há interferência na fala do colaborador é a introdução de Cláudio Lacerda Paiva (1978) no "Depoimento" de Carlos Lacerda, dentro, ainda, de um "depoimento jornalístico". Suas ideias se organizam e se constituem como procedimentos preciosos, ainda hoje úteis para nosso trabalho:

> *a) é preciso deixar o "depoente" falar livremente da vida e da sua vida, contar o que fez, o que deixou de fazer e deixar que ele dê sua interpretação de tudo;*
>
> *b) manter um tom coloquial, deixando a impressão de estar ouvindo o depoente, criando uma pontuação que mantenha a exata entonação da conversa;*
>
> *c) deixar, no resultado final, o constante vaivém cronológico;*
>
> *d) suprimir as perguntas para proporcionar ao leitor um texto corrido e fácil de ser lido;*

e) juntar os assuntos que se separem no vaivém das perguntas e das respostas (1978: 19-24).

Esses "procedimentos" se aproximam daqueles utilizados por alguns oralistas (Viezzer, 1984; Burgos, 1987; Meihy, 1990/1991). O processo inteiro é de diálogo e de transcriação, sem usar esses termos. Sua perspectiva é jornalística. Mas o resultado final garante a individualidade da voz, o poder de recriar uma vida, o sentido ficcional tanto do texto que lemos quanto da vida, matéria desse texto. A ideia de "suprimir as perguntas para proporcionar ao leitor um texto corrido e fácil de ser lido" é a que vai ser o centro da criação textual e a que permitirá maior compreensão não somente do texto e da leitura, mas, fundamentalmente, daquelas dimensões interiores, que é preciso conhecer e criar de maneira a se respeitar aquele que fala e o vivido na sua dimensão de sujeito, ou melhor, na tradicional dimensão de "sujeito da história".

Para Moema Viezzer (1984), comentando seu trabalho com o depoimento de Domitila Barrios de Chungara, que trabalha com gravações que vão de 1975 a 1977,

O que apresento aqui não é um monólogo de Domitila consigo mesma. É o resultado de numerosas entrevistas que tive com ela no México e na Bolívia; de suas intervenções na tribuna, assim como exposições, palestras e diálogos que desenvolveu com grupos operários, estudantes e empregados universitários, habitantes de bairros populares, exilados latino-americanos [...] todo esse material gravado, como também alguma correspondência escrita, foi ordenado e posteriormente revisado com Domitila, dando origem ao presente depoimento. (1984: 7-8)

Aqui se vislumbra nitidamente um trabalho de transcriação, de tornar uma malha de perguntas e respostas num texto, numa malha ficcional, se bem que essa instância ficcional escape completamente aos interesses reais, políticos e teóricos tanto de Viezzer quanto de Domitila. No entanto, há uma força de modificação atuando e reordenando, permitindo, cortando, remontando, assumindo e deixando; e o resultado faz aparecer seu cuidado e seu medo ao dizer que "o que apresento aqui não é um monólogo", nos garantindo que o monólogo é aparente. "Propositadamente, mantive essa linguagem que forma parte intrínseca de seu depoimento" (1984: 8). O resultado é a saída visível do entrevistador, deixando falar e viver o outro.

Aqui aparece também um procedimento que somente com Meihy tomará corpo metodológico. A figura daquilo que ele chamará de colaborador e do trabalho com esse colaborador aparece nitidamente quando Viezzer diz que o texto transcriado foi "posteriormente revisado com Domitila", deixando bem claro que a resultante textual é em colaboração, resulta de um processo intermitente não somente de múltiplas entrevistas, mas de uma fusão de entrevistas, de momentos e histórias num texto "único".

Com Elizabeth Burgos (1987) temos uma maior elaboração textual e aprimoramento metodológico. A meta a que se propõe é complexa e é um passo fundamental na criação completa do texto em "diálogo", não somente em documento, mas num trabalho nitidamente "ficcional", se bem que ela não se dê conta inteiramente disso. O pesquisador aqui não é mais o especialista das cinzas, o técnico do mofo nem o infeliz amante platônico de um tipo morto de passado: sua matéria é o presente e o passado que o acompanha por dentro, dando-lhe múltiplas dimensões, profundidades, reentrâncias, vozes, formas, sutilezas, emoções e aquela viva identidade que o caracteriza numa mesma e virtual ficcionalidade viva.

Para Meihy, criando a base na qual desenvolveremos nossa ideia, a transcriação é

... a fase final do trabalho dos discursos. [...] Teatralizando-se o que foi dito, recriando-se a atmosfera da entrevista, procura-se trazer ao leitor o mundo de sensações provocadas pelo contato, e como é evidente, isso não ocorreria reproduzindo-se o que foi dito palavra por palavra. [...] tem como fito trazer ao leitor a aura do momento da gravação. [...] O fazer do novo texto permite que se pense a entrevista como algo ficcional e, sem constrangimento, se aceita essa condição no lugar de uma cientificidade que seria mais postiça. Com isso, valoriza-se a narrativa enquanto um elemento comunicativo prenhe de sugestões. [...] Nesse procedimento, uma atitude se torna vital: a legitimação das entrevistas por parte dos depoentes. (1991: 30-1)

Todo o processo (do "projeto", passando pelas entrevistas, com o trabalho de "criar o texto", até o texto "final") faz parte de uma transcriação hermenêutica, que não é apenas a "modificação" ou "fase final dos trabalhos dos discursos", mas concepção e visão de mundo, não somente de como se produz um texto, mas sobre o fundamento da própria realidade, sendo, portanto, parte inextirpável da própria estrutura interpretativa.

A transcriação não pode ser somente uma "textualização" ou o fim de uma "textualização", não pode ser texto, mas processo que exige, no caso, uma postura geral e uma textualização radical.

Ao mesmo tempo, o conceito de transcriação instaura um desequilíbrio e um estranhamento radical ao desmantelar o tradicional respeito e distância entre o sujeito e o objeto (todo objeto é criação do ser social, não podendo ser pensado separado desse fundamento). O conceito de transcriação traduz uma ação criativa e uma relação viva entre as clássicas dicotomias (sujeito-objeto, eu-tu, oral-escrito, documento-pesquisador) superando-as sem fazer-lhes concessões. No processo transcriativo, as dicotomias lógicas, necessárias a qualquer instauração científica, cedem lugar a uma ficcionalidade viva, a um sujeito e a um mundo sem os limites que lhe são normalmente impostos, bem longe dos limites científicos de uma metafísica caduca e perigosa, vivendo o indefinido como condição de existência.

Criamos, em conjunto, o texto, que, no caso, deixa de ser tratado como um documento, como uma referência, um "dado concreto" e juridicamente certo, podendo servir como prova: o texto é feixe vivo de ficcionalidades: é interferência virtual de todos os participantes: o texto nasce de um diálogo e não é mais que um momento narrativo: ele não representa um passado, uma sociedade, um indivíduo, uma classe, uma cultura ou mesmo uma fala: o texto representa-se enquanto intransitividade viva. Como é possibilidade múltipla de leitura, advinda de um momento narrativo, múltiplas escolhas das partes envolvidas, tanto no diálogo quanto na textualização, não tem nem exige as tradicionais maneiras de ler e interpretar.

(Fragmento do artigo de Alberto Lins Caldas, Transcriação em História Oral, em Neho-História, *Revista do Núcleo de Estudos em História Oral*, São Paulo, n. 1, USP/FFLCH/DH, novembro, 1999, pp. 71-9.)

f – COLABORAÇÃO / MEDIAÇÃO

Para o pesquisador de história oral, sempre foi mais fácil fazer entrevistas com sujeitos com os quais simpatiza de antemão. É certo que entre os funcionários a serem entrevistados existiam militantes de esquerda, mas muitos tinham um perfil mais ambíguo e outros defendiam abertamente posições políticas de direita, levantando objeções, por exemplo, aos direitos humanos. Essas questões colocavam-se sobremaneira em relação aos monitores, que, como os funcionários diretamente responsáveis pela contenção do adolescente infrator e pela segurança nas unidades educacionais, eram vistos como torturadores e violentos pela imprensa e pelos internos.

De que forma o historiador oral poderia estabelecer uma relação de colaboração com eles?

As situações de entrevistas devido a esse perfil dos entrevistados envolveram circunstâncias delicadas, nas quais procuramos manter uma postura que garantisse o registro das experiências e das reflexões dos entrevistados, mesmo que estes defendessem ideias e práticas às quais nos opuséssemos veementemente. Essa postura significou cuidados com a condução da entrevista oral, baseados no conhecimento sobre os efeitos das perguntas, dos códigos não-verbais e da relação entre entrevistado e entrevistador no resultado das narrativas.

Nosso objetivo durante as entrevistas era mediar e estimular a construção da narrativa pelos narradores, permitindo que desenvolvessem seus argumentos e expusessem suas ideias, sem serem impedidos ou se sentirem diretamente contestados. Procuramos respeitar o direito de eles pensarem diferente, sabendo que a narrativa deveria refletir a visão de mundo do narrador, ainda que essa interagisse necessariamente com a nossa durante o processo de rememoração. Evidentemente, esses e outros cuidados não retiram das narrações os toldos da autocensura e das preocupações referentes à construção de uma determinada imagem que o entrevistado pretendesse transmitir de acordo com um conjunto de fatores subjetivos e conjunturais[...](pp. 41-2)

[...] Os narradores normalmente imaginavam a ação de entrevista como se desdobrando exclusivamente no esquema de pergunta e resposta. Houve estranhamento diante da proposta de entrevistas não-diretivas e precisamos convencer muitos entrevistados da pertinência de uma entrevista sem o uso de questionário e que corria com poucas intervenções.

A opção por entrevistas não diretivas visou criar as condições para construção de narrativas mais livres, de forma a revelar temas, soluções discursivas e encaminhamentos priorizados pelos narradores e não aqueles previamente imaginados pelo entrevistador. Nesse sentido, segundo Passerini:

> A oportunidade das histórias pessoais, quando inscritas na vida cotidiana, estimula referências sobre sua excepcionalidade – ou seja, as características que fazem um indivíduo diferente do outro. Um questionário implícito, no entanto, sugere que a uniformidade é o que se conta. (L. Passerini, *Fascism in popular memory* [Cambridge: Cambridge UP, 1988, p. 8.])

As entrevistas de história oral se desdobram nos limites do campo formado pela relação dialógica e historicamente determinada que se estabeleceu entre entrevistador e entrevistado. Elas carregaram, portanto, as marcas de ações mais ou menos conscientes de ambas as partes que tinham objetivos particulares em relação ao produto final da entrevista.

A construção narrativa não foi um exercício mecânico e neutro de encadeamento de fatos pelos entrevistados. Eles realizaram operações de seleção e recorte dos fatos, hierarquizaram acontecimentos e os apresentaram acompanhados de juízos de valor, assim como estruturaram seus argumentos sempre com algum grau de reflexão sobre as atitudes e ações pretéritas. Em última instância, eles construíram uma narrativa tendo em vista uma determinada imagem que pretendiam passar de si mesmos.

Essa construção de uma imagem podia ser um movimento mais introspectivo, algo como um acerto de contas com o passado, que, entre outros objetivos, podia servir para justificar posições presentes ou para mostrar o quanto se foi injustiçado. A intenção dominante também podia ser a de se defender de críticas ou atacar ideias ou grupos específicos dos quais se discordava.

A entrevista tornava-se um meio privilegiado para o entrevistado defender suas ideias, uma vez que ele podia desenvolver livremente seus argumentos sem objeções. A ação do entrevistado como narrador transcorria em relação a uma audiência visível e aparente – o pesquisador –, mas também em relação a uma audiência mais ampla, que podia incluir seus familiares, amigos, pares, adversários, superiores hierárquicos, a imprensa, a sociedade como um todo.

Evitamos gravar, na maioria dos casos, a entrevista logo no primeiro encontro. Preocupava-nos inicialmente com a apresentação e explicação do projeto, expondo seus objetivos e a metodologia de coleta e transcrição das entrevistas. O narrador aderia ou não ao projeto e marcava a data e o lugar do encontro, podendo optar por dar a entrevista em sua residência ou na instituição.

Pedimos apenas que o local escolhido preservasse a intimidade do processo, se possível fosse. De nossa parte, procuramos sempre criar as condições para que o entrevistado se sentisse à vontade para construir sua narrativa com um mínimo de interrupções, procurando não nos atermos a horários e nos colocando à inteira disposição do narrador. (pp.54-6)
(Fragmento da dissertação de mestrado de Fábio Bezerra de Brito, *Ecos da FEBEM: história oral de vida de funcionários da Fundação Estadual de Bem-Estar do Menor de São Paulo*, apresentada no Programa de Pós-Graduação em História Social da USP, 1992, pp. 41-2/ 54-6.)

g – O CARÁTER PÚBLICO DA HISTÓRIA ORAL

O que se pretende em estudos de história oral, e nesse em particular, é possibilitar ao entrevistado registrar a sua história de vida, como os fatos foram sentidos, compreendidos e mesmo reinterpretados por aquele que os viveu. Pretende-se não só reviver a experiência cotidiana, mas também analisar como essa foi sentida em relação aos acontecimentos econômicos, sociais, políticos, culturais e religiosos em que estiveram inseridos.

Não podemos desconsiderar ainda a importância da história oral sob outro aspecto. Em *Canto de Morte Kaiowá*, José Carlos Sebe chama-nos a atenção acerca do caráter público da história oral e sua capacidade de interessados e leitores comuns da história, pois os textos produzidos, acessíveis e agradáveis, mas nem por isso menos "científicos", tornam-se leitura pública, ampliando o acesso ao saber.
(Fragmento da dissertação de S. A. Osman, *Caminhos da imigração árabe em São Paulo: história oral de vida familiar*, apresentada ao Programa de Pós-Graduação em História Social da USP, São Paulo, 1998, pp. 17-8.)

h – DEVOLUÇÃO

O que falar sobre o processo de devolução? Acho que para falar de devolução é preciso começar explicar um pouco sobre o processo de pesquisa, tomando como exemplo minha pesquisa de mestrado. No momento em que a história oral pensa no entrevistado, não apenas como um depoente e sim como um colaborador agente ativo de sua história, tenho que admitir que fui colocada em xeque pelos procedimentos que resolvi seguir, desde o início dessa pesquisa. Não posso dizer que selecionei a família a ser entrevistada; foi ela quem me escolheu, desde o primeiro momento. A casa de Dona Ana e de seu Toninho sempre esteve de portas abertas. E foi na companhia de Márcia que tive os primeiros contatos com a comunidade. Dessa forma, selecionei as três entrevistas da família de seu Toninho, para compor o corpo dessa dissertação.

Foi também nessa casa que nasceu outro projeto. Seu Toninho compõe modas de viola, em várias ocasiões ouvi tocar e cantar suas músicas. Algumas vezes, tocou para mim; em outras, ensaiava sozinho no quarto, durante horas, sempre depois de voltar do serviço da roça. Em alguns dias, seu irmão caçula, Zezinho, vinha ensaiar também, era quando aconteciam verdadeiros saraus na pequena varanda da casa.

Em um desses eventos, o amigo Rodrigo Garcez estava presente. Foi então que perguntamos para seu Toninho se ele gostaria de ter gravadas suas composições. "Todo compositor sonha em ter suas músicas gravadas, nem que seja em fita". Gravamos a fita. Naquele momento, surgiu a ideia de que, como seu Toninho, poderia haver muitos outros cantadores na fazenda. Surgia um novo projeto, paralelo, pois Rodrigo, por ser estudante de comunicação, interessou-se em gravar um CD com essas músicas.

CD *Movimento no ar* foi parte do trabalho de conclusão de curso do Departamento de Cinema, Rádio e Televisão da ECA-USP de Rodrigo Garcez. Ele foi gravado no estúdio da Rádio Camponesa e lançado durante a Semana Olímpica, em maio de 2001. Nele há composições de sete cantadores do assentamento, dentre eles a dupla "Toninho e Zezinho", que canta e toca 14 músicas de autoria de Toninho.

Exponho aqui a realização desse outro projeto, pois considero que o CD seja retorno de parte de meu trabalho junto à comunidade. À medida que sua existência é também fruto da pesquisa que já tinha sido iniciada. No momento de seu lançamento, cheguei a pensar que foi a melhor parte da pesquisa, pois dificilmente um texto como esse será apropriado, como foi o CD. Certamente dará outras respostas, mas foi muito bom somar à minha experiência de campo a emoção daquela noite.

Com isso posso dizer que minha participação nessa comunidade se deu das formas mais inusitadas possíveis. Fui pesquisadora a maior parte do tempo. Mas me envolvi na gravação de um CD. Na realização de um documentário, que acabou por não se concretizar. Ajudei na organização de festas. Fui jurada de gincana e juíza de jogos. Além de ser consultada em reuniões dos coletivos de discussão do MST regional e ainda participar de reuniões e assembleias.

Dessa forma, fiz muitas viagens para Itapeva. O plantio e a colheita do feijão passaram a ser uma constante, eles aparecem com frequência nas entrevistas. E até mesmo minha vida tão urbana acabou regida por eles. Porém, o tempo cíclico e aparentemente monótono dessa comunidade é rompido pelas discussões que envolvem o processo produtivo e o funcionamento da cooperativa.

A finalização de minha pesquisa de campo deu-se de forma bastante forte. No dia 8 de dezembro de 2001, Márcia celebrou seu casamento com José Luiz. Fui convidada, não apenas para a festa, mas para pensar com ela sobre como seria a cerimônia e organizar tudo. Foi um prazer estar ali "num momento de tanta mística". Senti que tinha realizado muitas coisas junto àquela família ao longo desses três anos. Naquele dia, minha "coleta de dados" acabou. Assim, Márcia e eu, que no primeiro dia de pesquisa sonhamos juntas, terminávamos essa etapa de nossas vidas, também juntas. Deixando espaço para as muitas experiências que ainda virão.

(Fragmento da dissertação de mestrado de Suzana Lopes Salgado Ribeiro, *Processos de mudança no MST: história de uma família cooperada*, apresentada no Programa de Pós-Graduação em História Social da USP, São Paulo, 2002.)

i – MEDIAÇÃO

A minha pesquisa de história oral se concentrou no estudo histórico de uma família em que quatro gerações coexistiam e podiam ser entrevistadas, e uma delas que já havia desaparecido era profundamente conhecida por várias pessoas de forma que pude reconstruir sua história também. Tratava-se de uma família judia alemã, da região da Silésia, que imigra para o Brasil devido à perseguição nazista.

Convivi intensamente durante alguns anos com os vários ramos dessa família, e até hoje nos comunicamos regularmente. Participava das festas familiares, dos problemas, dos conflitos.

Quando levei a transcrição para meus entrevistados, houve reações muito diferentes. Havia algumas pessoas que exerciam uma liderança familiar; essas ficaram absolutamente encantadas e pediram que eu eliminasse alguns trechos que lhes pareciam comprometedores e compusesse um livro isolado para eles deixarem para seus antepassados. Assim fiz. A pessoa que 'se sentia mais próxima de mim, e que me guiou para os diversos entrevistados possíveis, recebeu com tanto entusiasmo, que precisou completar com alguns sentimentos certas passagens e escreveu várias cartas de próprio punho, mostrando o quanto, após a leitura da entrevista, suas perspectivas haviam mudado: mudou seu tipo de trabalho, se separou, candidatou-se a cargo público.

Mas talvez o mais interessante tenha sido o que aconteceu quando cada um leu algumas passagens da entrevista dos outros membros da família. Eram ramos que se tinham afastado muito uns dos outros, pois culturalmente, socialmente e economicamente, e mesmo geograficamente, se separaram demais. Cito apenas duas consequências:

a. os ramos familiares se tornaram muito mais próximos, passaram a se frequentar de novo, a promover encontros para trocar, se presentear, se ouvir, tirar fotos, estar juntos. Os do Rio passaram a vir a São Paulo e vice-versa.

b. Num dos ramos familiares, havia um caso extremo de abuso infantil; o pai havia abusado sexualmente da filha, e tudo era mantido sob enorme silêncio. Por ocasião da leitura das entrevistas desse ramo familiar, o abuso veio à tona, provocando um grande turbilhão num primeiro momento; mas houve depois uma cerimônia de perdão: o pai pediu perdão, se arrependeu, confessou estar completamente transtornado em função de ter sido preso no campo de concentração nazista e da imigração, e a filha pôde perdoar, e, logo em seguida, esse pai veio a falecer.

Para mim a experiência de devolução foi intensa, pois ela me mostrou com clareza que aquele que lia a entrevista já havia se transformado pelo fato de tê-la dado e ter refletido sobre certos temas, e ao lermos juntos isso ficava muito patente: nem eu, nem o entrevistado não éramos os mesmos depois da entrevista. O texto registrava um documento familiar, mas que ao mesmo tempo precisaria ser reiniciado, pois a perspectiva do passado mudara e o sentido do futuro também. O que me faz sempre pensar que o documento de história oral é um documento transitório, que tem o valor do momento em que é textualizado e transcriado – o que não é negativo –, pois mostra seu valor interventivo e transformador de realidades, que estavam, de certa forma, estagnadas em padrões repetitivos de pensar, sentir e agir.

(Relato de Sônia Novinsky sobre sua experiência em história oral. A autora defendeu a tese de doutorado: *As moedas errantes – narrativas de um clã germano-judaico centenário*, Programa de Pós-Graduação em História Social da USP, São Paulo, 2001.)

PALAVRAS FINAIS

> "É inquestionável que, ao fazer a afirmação, forneço uma boa base para se fazer certos julgamentos sobre o que acredito."
> Harry G. Frankfurt

A junção de modelos práticos com uma demonstração reflexiva – de como fazer um tipo de história oral – por certo provocará entendimentos e contrastes. O que se buscou foi apontar uma orientação fundamentada, instruída e provada em vários trabalhos. Por certo, valoriza-se o esforço de outras linhas, mas, além da provocação, pretendeu-se exibir uma alternativa na qual se acredita. Os fundamentos básicos são:

1– história oral não é só entrevista, ainda que entrevistas façam parte de uma abordagem da história oral;
2– o atraso brasileiro na compatibilização com outras experiências provocou duas manifestações estranhas ao nosso meio:
   a – a inspiração teórica feita alhures e compatível com outras realidades;
   b – a limitação de trabalhos de campo que discutam a situação local independentemente de evocações abusivas voltadas quase sempre à discussão alheia ao caso abordado;

3– a constante prática de usar entrevista como solução complementar faz com que sejam bloqueados os mecanismos capazes de lhes garantir condição autônoma, como é desejável;

4– o mal-estar resultante da dominação dos historiadores faz com que outros segmentos disciplinares não reconheçam a autonomia da história oral, ainda que muitos desses pesquisadores não se sintam bem como "historiadores orais";

5– a descrição de procedimentos visa a mostrar condutas capazes de instruir procedimentos e favorecer eventuais análises.

Institucionalizado sob o nome Núcleo de Estudos em História Oral – NEHO – sediado no Departamento de História da Universidade de São Paulo, a experiência reorientada no presente volume atesta investidas que têm sido bem aceitas. Não apenas no Brasil, mas também em países como Angola, Colômbia, México, Estados Unidos, entre outros, a prática do NEHO se coloca como alternativa significativa. Pelo volume de trabalhos publicados pelo grupo, não resta dúvida da eficácia dessa experiência. Mas, como se atesta que história oral é sinônimo de democracia, as eventuais contestações mostram-se bem-vindas.

BIBLIOGRAFIA

ABREU, Alzira Alves de. *Intelectuais e guerreiros*. Rio de Janeiro, Editora da URFJ, 1992.

ALBERTI, Verena. *História oral: a experiência do CPDOC*. Rio de Janeiro, CPDOC/FGV, 1989.

_____. *Manual de história oral*. Rio de Janeiro, FGV, 2004.

_____. *Ouvir contar: textos em história oral*. Rio de Janeiro, FGV, 2004.

_____. Fontes orais: histórias dentro da história. In: PINSKY, C. B. *Fontes históricas*. São Paulo, Contexto, 2005, pp. 155-202.

ALMEIDA, Terezinha Andrade. *Fio da vida. Necessidades básicas dos pacientes infectados com o HIV*. Salvador, Empresa Gráfica da Bahia, 1996.

AMADO, Janaína. Conversando: o CPDOC no campo da história oral. In: Célia Camargo et. al. *CPDOC 30 anos*. Rio de Janeiro, Ed. Fundação GetulioVargas/CPDOC, 2003, pp. 59-83.

ARAÚJO, Paulo César de. *Eu não sou cachorro não: música popular cafona e ditadura militar*. Rio de Janeiro, Record, 2002.

ATAIDE, Yara Dulce Bandeira de. *Decifra-me ou devoro-te: história oral de vida dos meninos de rua de Salvador*. São Paulo, Loyola, 1993.

_____. *Clamor das vozes: história oral de famílias em busca da cidadania*. São Paulo, Loyola, 2002.

ÁVILA, Cuauhtémoc Velasco (org.). *Historia y testemonios orales*. Mexico, Instituto Nacional de Antropología y Historia, 1996.

BARNET, M. *Memórias de um Cimarron*. São Paulo, Marco Zero, 1986.

BAUMAN. Zygmunt. *Identidade*. Rio de Janeiro, Jorge Zahar Editor, 2005.

_____. *Comunidade*. Rio de Janeiro, Jorge Zahar Editor, 2005.

_____. *Vidas líquidas*. Rio de Janeiro, Jorge Zahar Editor, 2007.

BENJAMIN, Walter. *O narrador. Magia e técnica, arte e política*. São Paulo, Brasiliense, v. 1, 1987, pp. 197-221 (Obras escolhidas).

BEN-YEHUDA, Nachman. *The Masada Myth: Collective memory and mythmaking in Israel*. Winsconsin, University of Winsconsin Press, 1995.

BLACKBURN, Thomas C. (ed.). *December's child: a book of chumashoral narratives*. London, University of California Press, Berkeley/Los Angeles/London, 1984.

BONFIL, Alicia Olivera de. *La tradición oral sobre Cuauhtémoc*. México, UNAM, 1980.

BOSI, Ecléa. *Memória e sociedade: lembranças de velhos*. São Paulo, Companhia das Letras, 1995.

_____. *O tempo vivo da memória: ensaios de psicologia social*. São Paulo, Atelier Editorial, 2003.

BOURDIEU, Pierre. *A miséria do mundo*. Petrópolis, Vozes, 1997.

BRANDÃO, Carlos Rodrigues (org.). *As faces da memória*. Campinas, col. Seminários 2, Editora da Unicamp, s/d.

BRETON, Binka Le. *Todos sabiam: a morte anunciada do padre Josimo*. São Paulo, Loyola, 2000.

BRETON, Philippe. *A manipulação da palavra*. São Paulo, Loyola, 1999.

BURGOS, Elizabeth. *Me Llamo Rigoberta Menchú y Así Me Nació la Conciencia*. México, Siglo Veintiuno, 1987.

BRUGAT, Dolores Pla. *Los niños de Morelia*. México, Instituto Nacional de Antropología e Historia, 1985.

BRUNER, Jerome; WEISSER, Susan. A invenção do ser: a autobiografia e suas formas. In: OLSON, David R.; TORRANCE, Nancy. *Cultura escrita e oralidade*. São Paulo, Ática, 1995, pp. 141-61.

CALDAS, Alberto Lins. Seis ensaios de história oral. *Caderno de Criação*, Porto Velho, Centro de Hermenêutica do Presente, n. 15, ano V, junho, 1998, pp. 38-60.

_____. Transcriação em história oral In: *NEHO-HISTÓRIA*, Revista do Núcleo de Estudos em História Oral. São Paulo, n. 1, USP/FFLCH/DH, Novembro, 1999a, pp. 71-9.

_____. *Oralidade, texto e história: para ler a história oral*. São Paulo, Loyola, 1999b.

_____. *Nas águas do texto: palavra, experiência e leitura em história oral*. Porto Velho, Edufro, 2001.

CALDAS, Fabíola Lins. A cidade dos excluídos: um projeto em história oral. *Caderno de Criação*, Porto Velho, Centro de Hermenêutica do Presente, n. 20, ano VI, outubro, 1999, pp. 14-22.

_____. Cápsula narrativa: história e usos de um conceito. *Caderno de Criação*. Porto Velho, Centro de Hermenêutica do Presente, n. 26, ano VIII, outubro, 2001, pp. 5-10.

CATALÁ, Neus. *De la resistencia y la deportación*. Barcelona, Adgenda, s.d.

CAVALCANTI, Pedro Celso Uchôa; RAMOS, Jovelino. *Memórias do exílio*. São Paulo, Editora Livramento, 1976.

CORREIA, C. H. P. *História oral: teoria e técnica*. Florianópolis, Universidade Federal de Santa Catarina, 1978.

COWAN, Neil M. *Our parentes' lives: the americanization of eastern European jews*. New York, Basic Books, 1989.

D'ARAUJO, M. C.; SOARES, G. A. D. & CASTRO, C. (orgs.). *Visões do golpe: a memória militar sobre 1964*. 3 vols. Rio de Janeiro, Relume-Dumará, 1994/1995.

_____; CASTRO, C. *Ernesto Geisel*. Rio de Janeiro, Ed. FGV, 1997.

DEMARTINI, Z. B. F.; LANG, A. B. S. G.; CAMPOS, M. C. S. S. *História oral e pesquisa sociológica: a experiência do CERU*. 2. ed. São Paulo, Humanitas, 2001.

DUNAWAY, D. K.; BAUM, W. K. (orgs.). *Oral history: an interdisciplinary anthology*. Nashville, American Association for State/Local History/Oral History Association, 1984.

FAGEN, Patricia W. *Transterrados y ciudadanos*. Mexico, Fondo de Cultura Económica, 1975.

FERNANDES, Tânia Maria Dias (coord.). *Memória da tuberculose: acervo de depoimentos*. Rio de Janeiro, Casa de Oswaldo Cruz, 1993.

FERREIRA (1), Jerusa Pires. Os desafios da voz viva. In: *Os desafios contemporâneos da história oral*. Campinas, CMU/UNICAMP, 1997, pp. 59-68.

_____. *Oralidade em tempo e espaço*. São Paulo, EDUC/FAPESP, 1999.

_____. *As armadilhas da memória e outros ensaios*. São Paulo, Atelier Editorial, 2003.

FERREIRA(2), Marieta de Moraes (org.). *Entrevistas: abordagens e usos da história oral*. Rio de Janeiro, Editora da Fundação Getúlio Vargas, 1994.

_____(2) (org.). *História oral e multidisciplinariedade*. Rio de Janeiro, Diadorin Editora, 1994.

_____(2); AMADO, Janaina (et al.). *Usos e abusos da história oral*. Rio de Janeiro, Fundação Getúlio Vargas, 1996.

_____(2); FERNANDES, Tânia Maria; ALBERTI, Verena (orgs.). *História oral: desafios para o século XXI*. Rio de Janeiro, Casa Oswaldo Cruz, 2000.

FRANÇOIS, Frederic. *Práticas do oral*. Carapicuiba, Pró-Forno Departamento editorial, 1996.

FREITAS, Sônia Maria de. *História oral: possibilidades e procedimentos*. São Paulo, Humanitas, 2002.

_____. *E chegaram os imigrantes: café e a imigração em São Paulo*. São Paulo, Edição da Autora, 1999.

FRISCH, Michael. *A shared authority – essays on the craft and meaning of oral and public history*. Albani, State University of New York Press, 1990.

FUNES, Concepción Ruiz; TUÑON, Enriqueta; *Palabras del exílio 2. Final y comienzo: el sinaia*. Mexico, Instituto Nacional de Antropología e Historia, SEP/Librería Madero, 1982.

GARRET, Annette. *A entrevista, seus princípios e métodos*. Rio de Janeiro, Agir, 1967.

GATTAZ, André Castanheira. *Braços da resistência: uma história oral da migração espanhola*. São Paulo, Xamã, 1996.

_____. Pensando meio século de história oral. *Caderno de Criação*, Porto Velho, Centro de Hermenêutica do Presente, n. 15, ano V, junho, 1998, pp. 28-37.

GIDDENS, Anthony. *Modernidade e identidade*. Rio de Janeiro, Jorge Zahar Editor, 2002.

GRELE, Ronald J. *Envelopes of sound: the art of oral history*. New York, Pleager Plublishers, 1991.

GUSDORF, Georges. *Lignes de vie 1: les écritures du moi*. Paris, Éditions Odile Jacob, 1991.

_____. *Auto-bio-graphie*. Paris, Éditions Odile Jacob, 1001.

_____. *Mémoire et personne*. Paris, Press Universitaire de France, 1993.

HALBWACHS, Maurice. *A memória coletiva*. São Paulo, Vértice, 1990.

HAVELOCH, Eric. A equação oralidade-cultura escrita: uma fórmula para a mente moderna. In: OLSON, David R.; TORRANCE, Nancy. *Cultura escrita e oralidade*. São Paulo, Ática, 1995, pp. 17-34

_____. *Prefácio a Platão*. Campinas, Papirus, 1996a.

_____. *A revolução da escrita na Grécia*. Rio de Janeiro, Unesp/Paz e Terra, 1996b.

HEIFETZ, J. *Oral history and Holocaust*. Oxford, Pergamon Press, 1984.

HENIGE, D. *Oral Historiography*. London, Longman, 1982.

HOFFMAN, Alice M.; HOWARD, S. *Archives of memory: a soldier recalls World War II*. Lexington, The University of Kentucky, 1990.

HOLANDA, Fabíola. A doença do abandono e da perda: história oral com moradores da comunidade Santa Marcelina – RO. In: *Revista Mandrágora*. São Bernardo do Campo, Núcleo de Estudos Teológicos da Mulher na América Latina – NETMAL, v. 1, 2006, pp. 84-92.

_____ ; MENEZES, Niza. *Jorge Teixeira: uma contribuição documental*. Porto Velho, Edufro, 2006.

HOSKINS, Janet. *Biographical objets: how things tell the stories of peoples' lives*. New York, Routledge, 1998.

JANOTTI, M. L. M.; LANG, A. B. S. G. *Espiritismo progressista: pensamento e ação de Rino Curti*. 1. ed. São Paulo, Cónex, 2005.

JOUTARD, Philippe. *Esas voces que nos llegan del pasado*. México, Fondo de Cultura Económica, 1986.

KAKAR, Sanjiv. Leprosy in Índia: the intervention of oral history. In: *Oral History, the Journal of the oral history society.* v. 23, n. 1, 1995, pp. 37-45.

KISSELOFF, Jeff. *You must remember this – an oral history of Manhattan from the 1890s to World War II.* New York, Schocken Books, 1989.

KOTRE, John. *Luvas brancas: como criamos a nós mesmos através da memória.* São Paulo, Mandarim, 1997.

KUMU, Umúsin Panlōn; HENHÍRI, Tolamān. *Antes o mundo não existia.* São Paulo, Livraria Cultura Editora, 1980.

LANG, Alice Beatriz da S. Gordo. História oral: muitas dúvidas, poucas certezas e uma proposta. *(Re)Introduzindo história oral no Brasil.* São Paulo, Xamã, 1996, pp. 33-47.

LEÓN-PORTILLA, Ascensión H. de. *España desde México: vida y testimonios de transterrados.* México, Universidad Nacional Autónoma de México, 1978.

LEWIS, Oscar. *Antropologia de la Pobleza: cinco familias.* México, Fondo de Cultura Económica, 1969.

LIENHARD, Martin. *La Voz y su Huella.* México, Casa Juan Pablos, 2003.

LIMA, Valentina da Rocha (org.). *Getúlio: uma história oral.* Rio de Janeiro, Record, 1986.

MACIEL, Márcia Nunes. *A construção de uma identidade: história oral com os Cassupá.* Monografia, Departamento de História, Porto Velho, Universidade Federal de Rondônia, 2002.

MACCONKEY, James (org.). *The anatomy of memory: an anthology.* Oxford, Oxford University Press, 1996.

MAESTRE FILHO, Mário José. *Depoimentos de escravos brasileiros.* São Paulo, Icone, 1988.

MANFREDINI, Luiz. *As moças de Minas: uma história oral dos anos 60.* São Paulo, Ed. Alfa-Omega, 1989.

MARCUSCHI, Luiz Antônio. *Análise da conversação.* São Paulo, Ática, 1991.

MARTINS, J. de Souza (org.). *Massacre dos inocentes: a criança sem infância no Brasil.* São Paulo, Hucitec, 1976.

MAURER, Harry. *Sex: an oral history.* New York, Penguin Books, 1994.

MEDINA, Cremilda de Araújo. *Entrevista: o diálogo possível.* São Paulo, Ática, 1990.

MEIHY, José Carlos Sebe Bom. *A colônia brasilianista: história oral de vida acadêmica.* São Paulo, Nova Stella, 1990.

_____. *Canto de morte kaiowá: história oral de vida.* São Paulo, Loyola, 1991.

_____. *História e memória ou simplesmente história oral?* Anais do Encontro de História e Documentação Oral, Brasília, UnB, 1993, pp. 5-11.

_____. *Manual de história oral.* São Paulo, Loyola, 1996a/2004a /2005.

_____. (org.). *(Re)Introduzindo história oral no Brasil.* São Paulo, Xamã, 1996b.

_____. Pensando as narrativas de certas mulheres. In: SANTOS, Andrea Paula dos. *Ponto de vida: cidadania de mulheres faveladas.* São Paulo, Loyola, 1996c.

_____. Tres alternativas metodológicas: historia de vida, historia temática y tradición oral. *Historia y Testimonios Orales.* Mexico, Instituto Nacional de Antropologia e Historia, 1996d, pp. 57-72.

_____. *Brasil fora de si: experiências de brasileiros em Nova York.* São Paulo, Parábola, 2004b.

_____. The Radicalization of Oral History, In: *Words & Silences: Journal of the Internacional Oral History Association.* Mexico, Ioha, v. 2, n. 1, junho, 2003, pp. 31-41.

_____. *Augusto & Lea: um caso de (des)amor em tempos modernos.* São Paulo, Contexto, 2006.

MENEZEZ, Maria Aparecida de (org.). *Histórias de migrantes.* São Paulo, Loyola, 1992.

MONTENEGRO, Antônio Torres. *História oral e memória: a cultura popular revisitada.* São Paulo, Contexto, 1992.

_____; FERNANDES, T. (orgs.). *História oral: um espaço plural,* v. 1, Recife, Ed. Recife/Universitária – Universidade Federal de Pernambuco, 2001.

NASH, June. *I spent my live in the mines – The history of Juan Rojas, bolivian tin miner.* New York, Columbia University Press, 1992.

OLIVEIRA, Albertina et al. *Memórias das mulheres do exílio.* Rio de Janeiro, Paz e Terra, 1980, v. 2.

OLSON, David; TORRANCE, Nancy. *Cultura escrita e oralidade.* São Paulo, Ática, 1995.

ONG, Walter. *Oralidade e cultura escrita.* Campinas, Papirus, 1998.

ORLANDI, Eni Puccinelli. *Sobre interpretação.* Campinas, Unicamp, 1996.

_____. *As formas do silêncio: no movimento dos sentidos.* Campinas, Unicamp, 1997.

OWEN, Barbara. *In the mix – struggle and survival in a women's prison.* Albani, State University of New York Press, 1998.

PASSERINI, L. *Facism in Popular Memory.* Cambridge/Paris, Maison des Sciences de l'Hommme/Cambridge University Press, 1987.

_____. *Autobiography of a generation.* Italy, 1968. Hanover, Wesleyan University Press, 1996.

_____. *Mitobiografia em história oral.* Revista Projeto História, n. 10, São Paulo, 1993, pp. 29-40.

PATAI, Dafne; GLUCK, S. B. *Women's words. The feminist practice of oral history.* New York/London, Routledge, 1991.

PÊCHEUX, Michel. *O discurso.* Campinas, Pontes, 1990.

PERELMUTTER, D.; ANTONACCI, M. A. (orgs.). *Ética. Projeto,* São Paulo, PUC, n. 15, abril, 1997.

PERKS, Robert; THOMSON, Alistair (orgs.). *The oral history reader.* New York, Routlege, 1998.

PINSKY, Carla Bassanezi (org.). *Fontes históricas.* São Paulo, Contexto, 2005.

POLLAK, Michael. Memória, esquecimento, silêncio. *Estudos históricos,* Rio de Janeiro, v. 2, n. 3, 1989, pp. 3-15.

PORTELLI, Alessandro. Sonhos ucrônicos: memórias e possíveis mundos dos trabalhadores. In: *Projeto de História.* São Paulo, PUC, n.10, dez, 1993, pp. 41-58.

_____. O que faz a história oral diferente. In: *Projeto de História,* Revista do Programa de Estudos Pós–Graduados em História e do departamento de história da PUC, n. 14, São Paulo, EDUC, fev., 1997, pp. 31-2.

_____. "História oral como gênero". In: *Projeto de história: história e oralidade,* Revista do Programa de Estudos Pós–Graduados em História e do Departamento de História da PUC, n. 22, São Paulo, EDUC, jun., 2001, pp. 09/36.

_____. *The text and the voice.* New York, Columbia University Perss, 1994.

PRATS, Pilar Dominguez. *Voces del exilio: mujeres españolas en México 1939-1950.* Madrid, Instituto de Investigaciones Feministas de la Universidad Complutense de Madrid, 1994.

QUEIROZ, Maria Isaura Pereira. *Variações sobre a técnica de gravador no registro da informação viva.* São Paulo, CERU/FFLCH/USP, 1985 (Coleção Textos).

RITCHIE, Donald A. *Doing oral history. Pratical advice and reasonable explanations for anyone.* New York, Twayne Publishers, 1995.

RODRIGUES, Dirce Spedo; VIANNA, Cláudia Pereira (coords.). *Eu, ex-menor abandonado.* São Paulo, Loyola, 1989.

SALAZAR, Afonso. *No nacimos pa'semilla.* Bogotá, CINEP, 1990.

SANTOS, Andrea Paula dos. *Ponto de vida: cidadania de mulheres faveladas.* São Paulo, Loyola, 1996.

SAMUEL, R.; THOMPSON, P. (orgs.). *The myths we live by.* New York, Routledge, 1990.

SARLO, Beatriz. *Tempo passado, cultura da memória e guinada subjetiva*. São Paulo, Cia. das Letras, 2005.
SCHAMA, Simon. *Paisagem e memória*. São Paulo, Companhia das Letras, 1996.
SCHWARZTEIN, D. (org.). *La historia oral*. Buenos Aires, Centro Editorial de America Latina, 1991.
SELDON, Anthony; PAPPWORTH, Joanna. *By word of mouth: élite oral history*. Cambridge, Cambridge University Press, 1983.
SILVA, Emmanoel Gomes. *Espíritos acuados: história oral com apenados*. Monografia, Departamento de História, Porto Velho, Universidade Federal de Rondônia, 1999.
SIMSON, Olga Rodrigues de Moraes (org.). *Os desafios contemporâneos da história oral*. Campinas, CMU/Unicamp, 1997.
SMITH, Kate Darian; HAMILTON, Paula. *Memory & History in Twentieth-Century Australia*. Oxford, Oxford University Press, 1994.
SOUZA, Edinéia Bento de. *O mito do herói: história oral de vida com homens da comunidade Santa Marcelina*. Monografia, Departamento de História, Porto Velho, Universidade Federal de Rondônia, 2002.
SOUZA, Maria Cristiane Pereira. *Vozes que curam: história oral de vida*. Monografia, Departamento de História, Porto Velho, Universidade Federal de Rondônia, 2001.
THOMPSON, Paul. *A voz do passado: história oral*. Rio de Janeiro, Paz e Terra, 1992.
TONKIN, Elizabeth. *Narrating our pasts – The social construction of oral history*. Cambridge, Cambridge University Press, 1992.
TRABATTONI, Franco. *Oralidade e escrita em Platão*. São Paulo/Ilhéus, Discurso Editorial/ Editus, 2003.
VANSINA, J. *Oral tradition as history*. Madison, University of Wiscosin Press, 1985.
VIEZZER, Moema. *"Se me deixam falar ...": Domitila: depoimento de uma mineira boliviana*. São Paulo, Global, 1984.
_____. *Se alguém quiser saber...* São Paulo, Global, 1982.
VILANOVA, Mercedes. *Las mayorias invisibles: explotación fabril, revolución y represión*. Barcelona, Icaria/ Antrazyt, 1997.
VILAS BOAS, Sérgio. *Perfis: e como escrevê-los*. São Paulo, Summus, 2003.
_____. *Biografia e biógrafos: jornalismo sobre personagens*. São Paulo, Summus, 2002.
WEBER, Devra. *Dark suit, white gold*. Califórnia, University California Press, 1994.
WINTER, Jay; SIVAN, Emmanuel. *War and remembrance – in the Twentieth-Century*. Cambridge, Cambridge University Press, 1999.
WOLDENBERG, José. *Las Ausencias Presentes*. México, Cal y Arena, 1992.
ZUMHTOR, Paul. *A letra e a voz*. São Paulo, Companhia das Letras, 1993.
_____. *Introdução à poesia oral*. São Paulo, Hucitec, 1997.
_____. *Performance, recepção e leitura*. São Paulo, EDUC, 2000.

Revistas especializadas

HISTORIA ORAL Y FUENTE ORAL. Barcelona, Universidad de Barcelona.
HISTÓRIA ORAL, Revista da Associação Brasileira de História Oral.
NEHO-HISTÓRIA, Revista do Núcleo de Estudos em História Oral, n. 0 e 1.
PROJETO HISTÓRIA, Revista do programa de estudos pós-graduados em História do Departamento de História da PUC-SP. São Paulo, volumes: 14, 15, 17 e 22.

THE ORAL HISTORY REVIEW, Journal of the History Association, New York.
ESTUDOS HISTÓRICOS MEMÓRIA. Edições Vértice, n. 3, 1989 (Número Especial).
ORALIDADES: Revista de História Oral, Núcleo de Estudos em História Oral.

Dissertações e teses defendidas no NEHO-USP

BATTIBUGLI, Thaís. *A militância antifascista: comunistas brasileiros na Guerra Civil Espanhola (1936- 1939).* Mestrado, São Paulo, FFLCH/USP, 2000.

BRITO, Fábio Bezerra de. *Ecos da Febem: História oral de vida de funcionários da Fundação Estadual de Bem-Estar do Menor de São Paulo.* Mestrado, São Paulo, FFLCH/USP, 2002.

COIMBRA, Ana Luiza de Lima. *Estudos brasileiros: ângulos norte-americanos.* Mestrado, São Paulo, FFLCH/USP, 2006.

COSTA, Carlos Frederico Correia da. *Direi.....ta, volver! Esquer.....da, volver! História de experiência de vida de militares.* Doutorado, São Paulo, FFLCH/USP, 1996.

FELIX, Isabel Regina. *Os sapateiros na cidade de São Paulo: trabalho e militância.* Mestrado, São Paulo, FFLCH/USP, 2001.

FERES, Cristina de Lourdes Pellegrino. *Famílias imigrantes em São Caetano do Sul: história oral de vida.* Mestrado, São Paulo, FFLCH/USP, 1996.

GATTAZ, André. *Braços da resistência: antifranquistas em São Paulo: história oral da imigração espanhola.* Mestrado, São Paulo, FFLCH/USP, 1995.

_____. *História oral da imigração libanesa para o Brasil – 1880 a 2000.* Doutorado, São Paulo, FFLCH/USP, 2001.

HOLANDA, Fabíola. *Experiência e memória: a palavra cantada e a palavra contada de um nordestino na Amazônia.* Doutorado, São Paulo, FFLCH/USP, 2006.

MAGALHÃES, Valéria Barbosa de. *O Brasil no sul da Flórida: identidade, subjetividade e memória.* São Paulo, FFLCH/USP, 2006.

MOREIRA NETO, Pedro Ribeiro. *Fotografia e histórias de vida: famílias caipiras do Alto Vale do Paraíba.* Doutorado, São Paulo, FFLCH/USP, 2002.

NOVINSKI, Sonia Waingort. *As moedas errantes: narrativas de um clã judaico centenário.* Doutorado, São Paulo, FFLCH/USP, 2001.

OSMAN, Samira Adel. *Caminhos da imigração árabe em São Paulo: história oral de vida familiar.* Mestrado, São Paulo, FFLCH/USP, 1998.

RIBEIRO, Suzana Lopes Salgado. *Processos de mudanças no MST: história de uma família cooperada.* Mestrado, São Paulo, FFLCH/USP, 2002.

SANTOS, Andrea Paula dos. *À esquerda das Forças Armadas Brasileiras: história oral de vida de militares nacionalistas de esquerda.* Mestrado, São Paulo, FFLCH/USP, 1998.

SILVA, Cláudio Roberto da. *Reinventando o sonho: história oral de vida política e homossexualidade no Brasil contemporâneo.* Mestrado, São Paulo, FFLCH/USP, 1998.

SILVA, Eloíza Maria Neves. *Histórias de vidas de mulheres negras: estudo elaborado a partir das escolas de samba paulistanas.* Mestrado, São Paulo, FFLCH/USP, 2002.

VIEIRA, Maria Eta. *A caballo entre dos mundos: Guerra Civil Espanhola y el "exílio infantil".* Mestrado, São Paulo, FFLCH/USP, 2001.

GRÁFICA PAYM
Tel. (011) 4392-3344
paym@terra.com.br